Ben Yeshoua.

Prières pour gouverner en Colombie-Britannique Volume 1

Ben Yeshoua.

Prières pour gouverner en Colombie-Britannique Volume 1

Un territoire à portée de main

Éditions Croix du Salut

Impressum / Mentions légales
Bibliografische Information der Deutschen Nationalbibliothek: Die Deutsche Nationalbibliothek verzeichnet diese Publikation in der Deutschen Nationalbibliografie; detaillierte bibliografische Daten sind im Internet über http://dnb.d-nb.de abrufbar.
Alle in diesem Buch genannten Marken und Produktnamen unterliegen warenzeichen-, marken- oder patentrechtlichem Schutz bzw. sind Warenzeichen oder eingetragene Warenzeichen der jeweiligen Inhaber. Die Wiedergabe von Marken, Produktnamen, Gebrauchsnamen, Handelsnamen, Warenbezeichnungen u.s.w. in diesem Werk berechtigt auch ohne besondere Kennzeichnung nicht zu der Annahme, dass solche Namen im Sinne der Warenzeichen- und Markenschutzgesetzgebung als frei zu betrachten wären und daher von jedermann benutzt werden dürften.

Information bibliographique publiée par la Deutsche Nationalbibliothek: La Deutsche Nationalbibliothek inscrit cette publication à la Deutsche Nationalbibliografie; des données bibliographiques détaillées sont disponibles sur internet à l'adresse http://dnb.d-nb.de.
Toutes marques et noms de produits mentionnés dans ce livre demeurent sous la protection des marques, des marques déposées et des brevets, et sont des marques ou des marques déposées de leurs détenteurs respectifs. L'utilisation des marques, noms de produits, noms communs, noms commerciaux, descriptions de produits, etc, même sans qu'ils soient mentionnés de façon particulière dans ce livre ne signifie en aucune façon que ces noms peuvent être utilisés sans restriction à l'égard de la législation pour la protection des marques et des marques déposées et pourraient donc être utilisés par quiconque.

Coverbild / Photo de couverture: www.ingimage.com

Verlag / Editeur:
Éditions Croix du Salut
ist ein Imprint der / est une marque déposée de
OmniScriptum GmbH & Co. KG
Heinrich-Böcking-Str. 6-8, 66121 Saarbrücken, Deutschland / Allemagne
Email: info@editions-croix.com

Herstellung: siehe letzte Seite /
Impression: voir la dernière page
ISBN: 978-3-8416-9961-9

Copyright / Droit d'auteur © 2015 OmniScriptum GmbH & Co. KG
Alle Rechte vorbehalten. / Tous droits réservés. Saarbrücken 2015

BEN YESHOUA.

Prières pour gouverner

en

Colombie-Britannique

VOL.1

Prière pour gouverner en Colombie-Britannique - vol.1

Introduction

« Ou, comment quelqu'un peut-il entrer dans la maison d'un homme fort et piller ses biens sans avoir auparavant lié cet homme fort ? Alors seulement il pillera sa maison. »

Ce livre de prière est une aide pour toute personne qui veut entrer et posséder les portes de sa vie, de son couple, de sa famille, de sa maison, de sa ville, de son territoire, de sa province, de son pays.

Ouvrant les portes de son cœur, la personne présentera au Seigneur ses besoins et connaîtra au travers de ces prières l'état de ceux-ci ; elle évoquera ses adversaires et sa difficulté à accéder à ces désirs; enfin, elle fera entendre toutes ses requêtes à Dieu tout en demeurant attaché à la vision qu'elle a et aux promesses liées à celle-ci.

Prière pour gouverner en Colombie-Britannique - vol.1

Mais que le plus grand parmi vous soit comme le plus petit, et celui qui gouverne comme celui qui sert.

Prière pour gouverner en Colombie-Britannique - vol.1

I

Ô Dieu très-Haut, toi qui domines sur toute royauté humaine, qui la donnes à qui il te plaît, et qui élèves le dernier des Hommes ;

Roi de paix, toi qui es à l'origine de toute existence, apportes-moi ton pain et ton vin.

Bénis-moi, ô Dieu très-Haut, maître du ciel et de la terre, toi qui es sacrificateur pour l'éternité.

Livres entre mes mains mes adversaires, livres-les tous entre mes mains afin que ma dîme te revienne !

Que je puisse lever les mains vers toi, Dieu très-Haut, maître du ciel et de la terre, et que je puisse en tout temps dire qu'aucun roi ne m'a enrichi mais que toi seul es à l'origine de ma richesse !

Que mes paroles soient comme les paroles de celui qui entend les paroles de Dieu, qui connaît les desseins du très-Haut, qui voit la vision du Tout-Puissant, qui se prosterne et dont les yeux s'ouvrent !

Fasses que je n'établisse pas des hauts lieux dans les villes et leurs campagnes pour offrir des parfums à d'autres dieux afin de t'irriter !

Que je me réjouisse en toi seul, que j'exulte, que je psalmodie en l'honneur de ton nom, Dieu très-Haut !

Il est un fleuve dont les courants réjouissent ta cité, le sanctuaire de tes demeures, Dieu Très-Hauts ; Que mon cœur, ô mon Dieu, soit semblable à ce fleuve !

En sacrifice, j'offrirai la reconnaisse et j'accomplirai mes vœux envers toi !

Prière pour gouverner en Colombie-Britannique - vol.1

Je crie à toi, ô Dieu Très-Haut, toi qui mènes tout à bonne fin pour moi ; envoies-moi du ciel ton salut, tandis que mon persécuteur me harcèle !

Oui, tu connais toute chose et même chez toi il y a de la connaissance et, je me souviens que tu es mon rocher et mon rédempteur !

Dieu Très-Haut, donnes-moi de prendre garde à tes préceptes et que je ne me révolte pas contre toi !

Tu avais dis : Vous êtes des dieux, vous êtes des fils du Très-Haut ; cependant nous mourrons comme les humains et nous tombons comme un prince quelconque.

Ô mon Dieu, que la mort s'écarte de moi et que je ne tombe pas comme un prince quelconque !

Tu es le Dieu Très-Haut sur toute la terre et tu es souverainement élevé au-dessus de tous les dieux !

Nombreux sont ceux qui habitent dans les ténèbres et de l'ombre de la mort ; prisonniers dans le malheur et dans les fers parce qu'ils ont dédaigné tes conseils, Dieu Très-Haut, et qu'ils se sont révoltés contre tes paroles ;

Quand à moi, je viens me présenter et m'incliner devant toi ; je viens te présenter l'offrande de mon cœur ;

Que je ne sois point tourmenté !

Rends-moi fertile et que j'enfante des œuvres qui apporteront le salut à ton peuple de la Colombie-Britannique, fils du Très-Haut, toi dont le règne n'a pas de fin !

Oui, je viens me présenter et m'incliner devant toi ; je viens te présenter l'offrande de mon cœur ;

Que je ne sois point tourmenté !

Prière pour gouverner en Colombie-Britannique - vol.1

Rends-moi fécond et que j'enfante des œuvres qui apporteront le salut à ton peuple, le peuple Britanno-Colombien, fils du Très-Haut, toi dont le règne n'a pas de fin.

Prière pour gouverner en Colombie-Britannique - vol.1

II

Ô Dieu très-Haut, toi qui domines sur toute royauté humaine, qui la donnes à qui il te plaît, et qui élèves le dernier des Hommes ;

Toi qui dis : Faisons l'homme à notre image selon notre ressemblance, pour qu'il domine sur les poissons de la mer, sur les oiseaux du ciel, sur le bétail, sur toute la terre et sur tous les reptiles qui rampent sur la terre ;

Bénis-moi, que je sois fertile, que je me multiplie, que je remplisse la terre et que je l'assujettisse !

Donnes-moi de dominer sur les poissons de la mer, sur les oiseaux du ciel, et sur tout animal qui rampe sur la terre !

Ne rends pas mes conceptions pénibles et que ce ne soit pas avec peine que je conçoive !

Qu'en tout temps j'agisse bien afin de relever la tête et qu'aucun péché caché ne domine sur moi mais que ce soit moi qui domine sur le péché !

Si mon frère Britanno-Colombien devient pauvre près de moi et que les ressources lui manquent, donnes-moi de le soutenir afin qu'il vive avec moi !

Que je ne tire pas de lui ni intérêt ni usure et que je ne domine pas sur lui avec rigueur, mais que je craigne ton nom, ô mon Dieu !

Que je me souvienne du résident temporaire et qu'il reçoive mon soutien afin qu'il vive !

Lorsque, moi et ton peuple, nous ne suivrons pas tes prescriptions, ne tourne pas ta face contre nous, qu'on ne soit pas battu devant nos ennemis, que ceux qui nous haïssent ne dominent pas sur nous et qu'on ne fuit pas sans qu'on nous poursuive !

Prière pour gouverner en Colombie-Britannique - vol.1

Bénis-nous, moi et ton peuple !

Qu'on puisse prêter sur gage à beaucoup de nations et qu'on n'emprunte pas !

Que les nations ne dominent pas sur nous mais qu'on domine sur beaucoup de nations !

Que ce soit toi seul Éternel, mon Dieu, qui domines sur ton peuple et que plusieurs hommes ne dominent pas sur ton peuple !

Envoie un esprit de discorde entre tous les hommes qui se lèveront pour dominer sur ton peuple !

Lorsque ton peuple, le peuple Britanno-Colombien, sera dominé par d'autres peuples et que tu me donneras la force de combattre ces peuples et les traiter comme ils auront traité ton peuple, que celui-ci ne me rejette pas !

Fais de ton peuple, le peuple Britanno-Colombien, un peuple de vaillants héros ! Car c'est toi qui domines sur tout, c'est dans ta main que sont la force et la puissance, et c'est ta main qui a le pouvoir de tout faire.

Oui Éternel, Dieu de nos pères, tu es Dieu dans les cieux, et tu domines sur tous les royaumes des nations.

C'est dans ta main que sont la force et la puissance et nul ne peut t'affronter ; Seigneur, fais de ton peuple, le peuple Britanno-Colombien, un peuple de vaillants héros !

Lorsque nos ennemis domineront sur nous et que nous crierons à toi, entends nous du haut des cieux et, dans ta grande compassion, sauves-nous !

Ne nous assujettis pas à des rois, à des peuples, à des nations, et que nos produits abondants ne leurs appartiennent pas !

Qu'aucun roi, qu'aucun peuple, et qu'aucune nation ne domine à son gré sur notre corps et sur notre bétail !

Prière pour gouverner en Colombie-Britannique - vol.1

Lorsque nos ennemis espéreront se rendre maître de nous, que par un retournement de situation, ce soit nous qui nous rendions maître de nos adversaires !

Brises les puissants et établis d'autres à leur place !

Donnes du repos et caches ta face afin que des impies ne règnent pas, et ne soient plus un piège pour le peuple Britanno-Colombien !

Qui connaît ses fautes involontaires ? Pardonnes-moi ce qui m'est caché !

Préserves aussi ton serviteur des présomptueux ; qu'ils ne dominent pas sur moi !

Alors je serai intègre, innocent de péché grave !

Le règne est à l'Éternel, et il domine sur les nations !

C'est lui qui fait cesser les combats jusqu'au bout de la terre ; il brise l'arc et rompt la lance, il consume par le feu des chars de guerre !

Arrêtez, et reconnaissez qu'il est Dieu : il domine sur les nations, il domine sur la terre.

Rebelles, ne vous élevez pas ! Car l'Éternel domine éternellement et ses yeux surveillent les nations.

Peuple Britanno-Colombien, bénissez le Dieu Tout-puissant, faites entendre vos voix pour sa louange !

En ces jours, tout le peuple Britanno-Colombien fleurira, et la paix abondera jusqu'à ce qu'il n'y ait plus de lune !

Il dominera d'une mer à l'autre, et du fleuve aux extrémités de la terre !

Il a établi son trône dans les cieux, et son règne domine sur toutes choses !

Arrêtez, et reconnaissez qu'il est Dieu : il domine sur les nations, il domine sur la terre.

Prière pour gouverner en Colombie-Britannique - vol.1

Rebelles, ne vous élevez pas ! Car l'Éternel domine éternellement et ses yeux surveillent les nations.

Peuple Britanno-Colombien, bénissez le Dieu Tout-puissant, faites entendre vos voix pour sa louange !

Ô Éternel, étends de ton saint lieu le sceptre de ta puissance : Domines au milieu de tes ennemis !

Tournes-toi vers moi et fais moi grâce, selon ta coutume à l'égard de ceux qui aiment ton nom !

Affermis mes pas dans ta promesse et ne laisses aucune injustice dominer sur moi !

Libères-moi des oppressions des hommes, afin que j'observe tes statuts !

Fais briller ta face sur ton serviteur et enseignes-moi tes prescriptions !

Que ma main soit active et qu'elle domine !

Donnes à ton serviteur du discernement ; qu'il domine sur celui qui fait honte et qu'il ait part à l'héritage au milieu de ton peuple, le peuple Britanno-Colombien !

Que je ne sois pas comme un insensé qui vit dans les délices, encore moins comme un esclave qui domine sur des princes !

Donnes-moi de ne pas dominer sur les pauvres !

Que je ne sois pas comme ces lions rugissants et ces ours affamés, qui dominent sur les peuples indigents !

Que les justes soient nombreux dans cette province et que les méchants ne dominent plus afin que le peuple Britanno-Colombien se réjouisse et ne gémisse plus !

Que je ne prête pas attention aux paroles trompeuses et que mes collaborateurs ne soient pas des méchants !

Prière pour gouverner en Colombie-Britannique - vol.1

Ô mon Dieu, donnes-moi de toujours rechercher ta faveur afin que mon droit vienne de toi !

Donnes-moi de développer et d'amasser plus de sagesse que tous ceux qui ont gouverner la Colombie-Britannique et que mon cœur voit beaucoup de sagesse et de science !

C'est vrai qu'il y a un temps où l'homme se rend maître de son prochain pour son malheur, mais qu'il n'en soit pas ainsi parmi ton peuple, ô mon Dieu !

Lorsque l'esprit de ceux qui dominent les peuples se lève contre moi, donnes-moi de rester à ma place, dans le calme !

Ô Seigneur, ne donnes pas à la Colombie-Britannique des jeunes gens comme chefs, et que des gamins ne dominent pas sur le peuple Britanno-Colombien !

Que ton peuple n'ait pas pour oppresseurs des gamins !

Ô mon Dieu, que ton peuple et moi, nous retenions captifs ceux qui nous retenaient captifs et que nous subjuguions nos oppresseurs !

Éternel, notre Dieu, d'autres seigneurs que toi ont dominé sur nous ; mais c'est grâce à toi seul que nous invoquons ton nom !

Ô mon Dieu, que les moqueurs ne dominent pas sur le peuple Britanno-Colombien !

Installes la paix pour s'occuper des Britanno-Colombiens et des Britanno-Colombiennes et la justice pour dominer sur eux !

Que les prophètes ne prophétisent pas avec fausseté au peuple Britanno-Colombien !

Que les sacrificateurs, les prêtres ne tiennent pas en leur pouvoir le peuple Britanno-Colombien !

Prière pour gouverner en Colombie-Britannique - vol.1

Que personne d'autre ne tienne en son pouvoir le peuple Britanno-Colombien, et que les Britanno-Colombiens et Britanno-Colombiennes refusent qu'il en soit ainsi !

Pour l'avenir de la Colombie-Britannique et du peuple Britanno-Colombien, donnes-moi de faire des véritables reformes, ô mon Dieu !

Éternel, parce que tu as fait ton alliance avec le jour et la nuit, parce que tu as établi les lois des cieux et de la terre, et que tu ne peux pas rejeter la descendance de celui qui a lutter avec Dieu et les hommes et a été vainqueur ainsi que la descendance de ton serviteur celui qui est aimé ;
prends parmi sa descendance, prends-moi, prends ton serviteur que je suis afin que je puisse dominer sur les descendants du père d'une multitude, du fils attendu si longtemps et du trompeur !

Fais-moi sortir selon ta parole, au devant de ceux qui agitent le peuple Britanno-Colombien, et qu'aucun Britanno-Colombien ne soit assujetti !

Que personne ne puisse me leurrer, ni dominer sur moi, et que mes pieds ne s'enfoncent pas dans la fange !

Ô Seigneur des rois de la terre, que des esclaves ne dominent pas sur moi ni sur ton peuple, le peuple Britanno-Colombien !

Oui, retires-nous de toute main qui a comme projet de nous mener en captivité !

Que la Colombie-Britannique ne soit pas le plus humilié, mais qu'il s'élève au-dessus des nations !

Qu'on ne diminue pas, mais qu'on devienne aussi nombreux que le sable qui est au bord de la mer et les étoiles du ciel afin de dominer sur les nations !

Prière pour gouverner en Colombie-Britannique - vol.1

Fortifies les âmes faibles parmi ton peuple et soignent celles qui sont malades !

Penses celles qui ont été blessées et ramènes celles qui s'égaraient !

Cherches celles qui sont perdues, et que personne ne puisse dominer sur elles avec rigueur!

Ô Dieu des cieux, donnes-moi le royaume, la puissance, la force et la Gloire !

Remets entre mes mains, en quelque lieu qu'ils habitent, les fils des hommes, les bêtes des champs et les oiseaux du ciel sur la terre de la Colombie-Britannique ; et que ta domination repose sur mes épaules !

Que je sois un arbre grand et fort dont la cime atteint le ciel, et qu'on le voit des extrémités de toute la terre !

Que mon feuillage soit beau et mes fruits abondants !

Fais-moi porter de la nourriture pour tous ; et que les bêtes des champs trouvent de l'ombre, sous moi !

Que les oiseaux du ciel habitent dans mes branches et que tout être vivant tire sa nourriture de moi !

Que je ne sois pas abattue et que mes branches ne soient pas coupées !

Que mes feuillages ne soient pas arrachés et que mes fruits ne soient pas dispersés !

Que les bêtes ne fuient pas sous moi et que les oiseaux ne fuient pas du milieu de mes branches !

Que je ne sois pas dans les chaînes de fer et de bronze, parmi l'herbe des champs !

Que je ne sois pas trempée de la rosée du ciel, et que je n'ai pas, comme les bêtes de la terre, pour nourriture, l'herbe des champs !

Prière pour gouverner en Colombie-Britannique - vol.1

Que mon cœur d'Homme ne soit pas changé ; qu'un cœur de bête ne me soit pas donné et que sept temps ne passent pas sur moi !

Ô Très-Haut, toi qui domines sur toute royauté humaine, qui la donnes à qui il te plaît, et qui élèves le dernier des hommes ;

Qu'aucun mauvais décret et qu'aucune mauvaise résolution ne soit pris contre moi ! Car je reconnais et je veux témoigner que toi, le Très-Haut, tu domines sur toute royauté humaine, et que tu la donnes à qui il te plaît.

Je lève les yeux vers le ciel, je te bénis Très-Haut, je te loue et je te glorifie, toi qui es vivant éternellement, dont la domination est une domination éternelle, et dont le règne subsiste de génération génération !

Que la raison me soit accordée !

Que l'honneur de la royauté me soit accordé !

Accordes-moi la gloire et la splendeur !

Donnes-moi des conseillers et des chefs !

Établis-moi sur la royauté de la Colombie-Britannique et que ma grandeur s'accroisse ! Alors, je te lourai, je t'exalterai et te glorifiai roi des cieux, toi dont les œuvres sont vraies et les voies justes, et qui peux abaisser ceux qui marchent dans l'orgueil ;

Oui, je reconnaîtrai que c'est toi, Dieu Très-Haut qui domines sur toute royauté humaine et qui y places qui tu veux.

Ô vaillant roi, lèves-toi, domines avec grande puissance et que ta volonté s'accomplisse pour moi et le peuple Britanno-Colombien !

Viens dominer, toi dont la domination n'a pas de fin !

Agis avec moi, contre les lieux fortifiés ; et combles-moi de ta présence ! Car je reconnais que tu es Dieu dans les cieux et que tu donnes la royauté à qui il te plaît.

Prière pour gouverner en Colombie-Britannique - vol.1

Toi qui élèves le dernier des hommes, fais-moi dominer sur beaucoup et qu'aucun roi étranger ne puisse dominer sur moi et le peuple Britanno-Colombien !

Qu'aucun de nos ennemis ou de nos alliés ne nous fasse reculer !

Qu'aucune tromperie ne l'emporte sur nous et que personne ne se serve de notre pain comme d'un piège !

Toi qui domines sur tout peuple et dont l'origine remonte au lointain passé, aux jours de l'éternité, que ta domination repose sur moi et que je domine afin que de la Colombie-Britannique parte ta louange !

Toi dont le nom est germe, germes en Colombie-Britannique, dans la vie de chaque Britanno-Colombien et de chaque Britanno-Colombienne ; et là, bâtis les vies !

Toi qui portes les insignes de la majesté, sièges et fais-moi siéger avec toi afin de dominer dans cette nation et qu'une parfaite harmonie règne entre toi et moi !

Que les chars de nos ennemis soient retirés de nos villes et que les chevaux de nos adversaires soient retirés de nos campagnes !

Que les arcs de guerres soient retranchés de la Colombie-Britannique !

Que chaque Britanno-Colombien parle de ta paix aux nations et que ta domination s'étende d'une mer à l'autre, depuis le grand fleuve jusqu'aux extrémités de la terre !

Nous savons que ceux qu'on regarde comme les chefs des nations les tyrannisent, et les grands abusent de leur pouvoir sur elles ; mais, qu'il n'en soit pas de même en Colombie-Britannique !

Oui, que je sois le serviteur des Britanno-Colombiens et des Britanno-Colombiennes ; et que je règne non pour être servi, mais pour servir et donner ma vie pour ma province, la Colombie-Britannique !

Prière pour gouverner en Colombie-Britannique - vol.1

Fais de moi une autorité qui sert et que je sois au milieu des Britanno-Colombiens et des Britanno-Colombiennes comme celui qui les sert et non celui qu'ils servent.

Prière pour gouverner en Colombie-Britannique - vol.1

III

Ô Dieu très-Haut, toi qui domines sur toute royauté humaine, qui la donnes à qui il te plaît, et qui élèves le dernier des Hommes ;

Fais-de moi un homme qui réponde sans raconter les secrets concernant la gouvernance de la Colombie-Britannique !

Voici que je veux gouverner la Colombie-Britannique en ne me servant pas de ses fils pour labourer mes terres, récolter mes moissons et fabriquer mes armes de guerre ;

Je veux diriger la Colombie-Britannique en ne prenant pas ses filles comme parfumeuses, cuisinières et boulangères ;

Je veux conduire la Colombie-Britannique en ne prenant pas les meilleurs des champs, les meilleurs des vignes et des oliviers pour les donner à mes serviteurs ;

Je veux faire marcher la Colombie-Britannique en ne prenant pas la dîme de ses semences et de ses vignes pour la donner à mes chambellans et à mes serviteurs ;

Je veux guider la Colombie-Britannique en ne prenant pas les meilleurs de ses serviteurs, de ses servantes et de ses ânes pour mes travaux ;

Je veux gouverner la Colombie-Britannique en ne prenant pas la dîme de son petit bétail, et en ne la faisant pas devenir mon esclave.

Ô Dieu des cieux, toi qui domines sur toute royauté humaine, qui la donnes à qui il te plaît, et qui élèves le dernier des Hommes ;

Même, quand on me méprisera dans cette mission qui est la mienne, donnes-moi de toujours garder le silence !

Saisis-toi de ton peuple, le peuple Britanno-Colombien, afin que lui et moi puissions conquérir ce qui est à toi, et que tu donnes à qui il te plaît !

Prière pour gouverner en Colombie-Britannique - vol.1

Lorsque tu m'établiras, que je fasse de tous cotés la guerre à tous les ennemis du peuple Britanno-Colombien et que j'ai le dessus, partout où je me tournerai !

Donnes-moi la force, que je batte les ennemis de la Colombie-Britannique et que je délivre le peuple Britanno-Colombien de ceux qui le dépouillent !

Que je sois meilleur que tous mes prédécesseurs dans l'exercice du pouvoir !

Aussi longtemps que tu m'établiras sur ton peuple, le peuple Britanno-Colombien, qu'il n'y ait pas d'insécurité mais de la sécurité !

Donnes-moi de manifester de la bonté et que mes adversaires sache que lorsque tu dis qu'à coup sûr qu'une personne va régner, elle règne ;

Et que lorsque tu dis qu'une personne aura la gouvernance de la Colombie-Britannique bien en main, elle l'a ! Car c'est toi, ô Dieu très-Haut, qui domines sur toute royauté humaine, qui la donnes à qui il te plaît, et qui élèves le dernier des Hommes.

Établis ton serviteur sur la Colombie-Britannique, conclus ton alliance avec moi et que ta main soit avec moi pour tourner vers moi tout le pays !

Que la royauté tourne pour m'appartenir, car elle l'est par ta main, Éternel !

Affermis ton serviteur, fais-le asseoir sur le trône de ses pères et donnes-lui une maison comme tu l'avais dit !

Donnes des ordres, que la royauté m'appartienne et soit affermie entre mes mains !

Élèves-moi au milieu du peuple, établis-moi conducteur de ton peuple, le peuple Britanno-Colombien, et que je sois fidèle dans cette activité pour faire ce qui est droit à tes yeux !

Prière pour gouverner en Colombie-Britannique - vol.1

Qu'il y ait une alliance entre toi et moi, comme il y en eut une entre toi et mes pères afin que s'éloignent de moi tous ceux qui en veulent à mon âme et à mon souhait de conduire le peuple Britanno-Colombien dans la justice, le droit et la vérité !

Que ce soit une alliance selon laquelle je vais toujours te consulter et toi toujours me conduire afin de faire entrer le peuple Britanno-Colombien dans son héritage !

Suscites, pour me prêter secours, des vaillants héros qui seront mes commandants pour mener à bien cette mission et que de jour en jour on arrive auprès de moi pour me secourir, jusqu'à ce que j'ai un camp considérable comme un camp de Dieu !

Éternel, mon Dieu, donnes-moi la royauté pour toujours par une alliance inviolable !

Affermis cette royauté entre mes mains afin que mon cœur s'enhardisse dans tes voies !

Lorsque cette royauté va s'affermir entre mes mains donnes-moi de détruire tout œuvre qui depuis longtemps détruit l'économie de la Colombie-Britannique !

Que je ne me taise pas lorsque l'occasion va se présenter !

Que le soulagement et la libération des Britanno-Colombiens et des Britanno-Colombiennes surgisse de moi et que moi et la maison de mon père nous vivions !

Fais-moi parvenir à la royauté pour cette occasion !

Laves-moi dans l'eau, fais disparaître les fautes qui étaient sur moi et frottes-moi avec de l'huile !

Habilles-moi d'étoffes brodées, chausses-moi de fine peau, drapes-moi de fin lin et couvres-moi de soie !

Prière pour gouverner en Colombie-Britannique - vol.1

Pares-moi d'ornements : mets des bracelets à mes mains, un collier à mon cou, mets un anneau à mon nez, des boucles à mes oreilles et la parure d'une couronne sur ma tête !

Qu'ainsi, je sois paré d'or et d'argent et que je sois vêtu de fin lin, de soie et d'étoffes brodées !

Que je mange de la fleur de farine, du miel et de l'huile ; que je devienne de plus en plus beau, digne de la royauté, et que ma royauté ne retourne ni à une bête, ni à la grande ville qui a la royauté sur tous les rois de la terre.

Prière pour gouverner en Colombie-Britannique - vol.1

IV

Ô Dieu très-Haut, toi qui domines sur toute royauté humaine, qui la donnes à qui il te plaît, et qui élèves le dernier des Hommes ;

Donnes-moi de relever la tête en agissant bien !

Que je m'élève, que je m'élève de plus en plus ; que je couvre les montagnes et que je les dépasse !

Donnes-moi de porter mes regards du coté des fils de la méchanceté afin que je vois s'élever parmi eux une fumée comme celle d'une fournaise !

Élèves-toi entre mes adversaires et moi, sois mon juge et témoin, ô Seigneur !

Lorsque j'élève ma voix vers toi, lèves-toi et fais fuir mes adversaires !

Relèves-moi et établis-moi pour conduire cette province, ta province, la Colombie-Britannique, afin que je me souvienne de ta bienveillance, ô Seigneur !

Fais de moi la tête de ta maison, et que tout ton peuple dépende de mes ordres !

Donnes-moi autorité sur toute la province et que seul le trône, Dieu des cieux, t'élève au-dessus de moi !

Fais de moi le berger de ton peuple, le peuple Britanno-Colombien, que tu as multiplié à l'extrême !

Comme le rejeton fertile d'un arbre fertile près d'une source, que mes branches s'élèvent au dessus de la muraille et que les bénédictions de mon père l'emportent sur les bénédictions de ceux qui l'ont conçu ; jusqu'à l'extrémité des collines éternelles !

Qu'elles soient sur ma tête, sur le sommet de ma tête, Seigneur des rois de la terre !

Laisses-moi subsister, afin que je vois ta force et pour que l'on publie ton nom par toute la terre !

Prière pour gouverner en Colombie-Britannique - vol.1

Donnes-moi un cœur qui ne fera pas obstacle à ton peuple, le peuple Britanno-Colombien !

Je sais que tu hais les dieux d'argent et les dieux d'or ; c'est pourquoi, donnes-moi un cœur qui te bâtira un autel sur lequel j'offrirai des parfums de bonnes odeurs venant de mon cœur !

Donnes-moi un cœur qui te bâtira un autel sur lequel ton peuple, le peuple Britanno-Colombien, t'offrira un parfum de bonne odeur venant de son cœur !

Donnes-moi un cœur qui conduira ton peuple, le peuple Britanno-Colombien dans l'amour pour toi et l'amour pour ton œuvre !

Donnes-moi un cœur qui conduira toute la province dans l'adoration !

Donnes-moi un cœur qui ne calomniera pas ceux de ton peuple et qui ne réclamera pas injustement la mort de mon compatriote !

Donnes-moi un cœur qui te craigne et qui n'exploitera pas son compatriote !

Donnes-moi un cœur qui ne se fera pas d'idoles, qui n'élèvera pas de statue, ni de stèle et que je ne place pas en Colombie-Britannique une figurine de pierre, pour qu'on se prosterne devant elle ! Car toi seul est l'Éternel, notre Dieu.

Lorsque je rentrerai en possession de la royauté, et que je parviendrai à faire entrer ton peuple, le peuple Britanno-Colombien, en possession de son héritage, fasses que nos cœurs ainsi que les prémices du fruit de nos entrailles te soient offerts en sacrifice !

Lorsque qu'une troupe prendra l'initiative de se lever contre ton serviteur, que toi seul tu sois mon juge et celui de ton peuple, le peuple Britanno-Colombien !

Que ton peuple, le peuple Britanno-Colombien, ait toujours un cœur incliné vers toi, Seigneur, Dieu des cieux et de la terre, afin que leur temps, te soit offert comme dîme, de génération en génération !

Prière pour gouverner en Colombie-Britannique - vol.1

Mets-nous en relation avec celui qui est sacrificateur pour toujours afin que lui revienne la dîme de notre cœur, de notre temps, de tout ce que nous avons de meilleur en nous, sur nous et autour de nous !

Donnes-nous de nous souvenir de ceux et celles qui sont à ton service, jour et nuit, Dieu des cieux, afin que nous soyons heureux sur cette terre que tu nous a donné à nous et à nos enfants pour toujours !

Lorsqu'un roi se lèvera pour détruire ton héritage, la Colombie-Britannique, de par quelques paroles ou actes, que ses œuvres n'aient pas d'effet !

Que nos tentes, les tentes de ton peuple, le peuple Britanno-Colombien demeurent toujours belles !

Qu'elles s'étendent comme des torrents, comme des jardins près d'un fleuve, comme des aloès que tu as planté et comme des cèdres le long des eaux !

Que l'eau coule de nos seaux et que notre semence soit fécondée par d'abondantes eaux !

Élèves-toi au-dessus de nous et que la Colombie-Britannique devienne puissante !

Toi qui fais sortir cette province de la servitude et qui es pour elle comme la vigueur du buffle, donnes-nous de dévorer les nations qui sont nos adversaires, de leurs briser les os et de les blesser de nos flèches !

Donnes-nous de nous accroupir, de nous coucher comme un lion et comme une lionne, et que personne ne puisse nous faire lever !

Ô mon Dieu, Dieux des cieux et Seigneur des rois de la terre, que soit béni quiconque béni et bénira ton peuple, le peuple Britanno-Colombien !

Qu'on soit vu et contemplé !

Prière pour gouverner en Colombie-Britannique - vol.1

Toi l'astre qui sors de celui qui a combattu avec Dieu et les hommes et a été vainqueur ;

Toi le sceptre qui t'élèves de celui qui a combattu avec Dieu et les hommes et a été vainqueur ;

Donnes-nous de blesser les flancs de nos ennemis et d'abattre tous les fils du meurtrier !

Qu'on prenne possession de ceux qui ont pris possession de nos campagnes, de nos villes et de notre nation !

Que la Colombie-Britannique soit pleine de vaillance et que ton règne au milieu d'elle soit souverainement élevé !

Qu'elle ait un cœur incliné vers toi et une âme bien disposée !

Donnes à chaque Britanno-Colombien et Britanno-Colombienne de mettre en pratique ce que tu ordonneras, et qu'on y ajoute rien, et qu'on y retranche rien !

Donnes-nous de ne pas placer un poteau en bois à coté de l'autel de notre cœur !

Lorsque tu feras entrer ton peuple, le peuple Britanno-Colombien, dans ta présence ; lorsqu'il en prendra possession, qu'il s'y établira et qu'il dira : je veux établir sur moi un roi, comme toutes les nations qui m'entourent ;

Que ton peuple, le peuple Britanno-Colombien, m'établisse, qu'il établisse une personne qui soit du peuple, une personne que toi tu t'es mise à part pour ton saint nom !

Que ton peuple, le peuple Britanno-Colombien, m'établisse et qu'il n'établisse pas une personne qui ait un grand nombre de chevaux et qui le ramènera dans la servitude pour avoir beaucoup de chevaux !

Prière pour gouverner en Colombie-Britannique - vol.1

Que ton peuple, le peuple Britanno-Colombien, m'établisse et qu'il n'établisse pas une personne qui ait un grand nombre de femmes ou une grande quantité d'argent !

Que ton peuple, le peuple Britanno-Colombien, m'établisse et qu'il n'établisse pas une personne qui ne saura écrire dans un livre un double de ta loi, l'avoir avec lui et y lire tous les jours de sa vie afin de te craindre, Éternel, mon Dieu, en observant toutes les paroles de ta loi et toutes tes prescriptions pour les mettre en pratique !

Que ton peuple, le peuple Britanno-Colombien, m'établisse et qu'il n'établisse pas une personne dont le cœur s'élèvera au-dessus des Britanno-Colombiens et des Britanno-Colombiennes !

Ô Seigneur, qu'aucun faux témoin ne s'élève contre moi pour m'accuser d'un crime ! Car quand je vois l'âne ou le bœuf d'un Britanno-Colombien ou d'une Britanno-Colombienne tomber dans le chemin, je ne passe pas outre mais je l'aide à le relever.

Ô Dieu des cieux, toi qui élèves qui tu veux, que je sois béni dans la ville et que je sois béni dans la campagne !

Que le fruit de mes entrailles, le fruit de mon sol, le fruit de mes troupeaux, la reproduction de mes brebis soient bénis !

Que ma corbeille et ma huche soient bénies !

Que je sois béni à mon arrivée, et que je sois béni à mon départ !

Ô Éternel, Dieu des armées, mets en déroute devant moi mes ennemis qui se dresseront contre moi !

S'ils sortent contre moi par un seul chemin, qu'ils s'enfuient devant moi par sept chemins !

Prière pour gouverner en Colombie-Britannique - vol.1

Ordonnes à la bénédiction d'être avec moi dans mes greniers et dans toutes mes entreprises !

Bénis-moi en Colombie-Britannique et parmi ton peuple !

Établis-moi pour être un peuple saint et que tous les peuples de la terre voient que ton nom est invoqué sur moi et te craignent !

Combles-moi de biens en multipliant le fruit de mes entrailles, le fruit de mes troupeaux et de mon sol, dans ton héritage, la Colombie-Britannique !

Éternel, Dieu des cieux, toi qui élèves qui tu veux, ouvres-moi ton bon trésor, le ciel, pour envoyer à la Colombie-Britannique la pluie en son temps et pour bénir tout le travail de mes mains !

Fasses que je prête à beaucoup de nations et que je n'emprunte pas !

Fais de moi le premier et non le dernier, et que je sois toujours en haut et non en bas et que l'immigrant qui sera au milieu de moi ne s'élève pas toujours plus au-dessus de moi, et que moi, je ne descende pas toujours plus bas !

Qu'il ne me prête pas, et que je ne lui emprunte pas ; qu'il ne soit pas la tête et que je ne sois pas la queue !

Bénis ma force, ô Éternel, et agrées l'œuvre de mes mains !

Blesses les reins de ceux qui s'élèvent contre moi, et de ceux qui me haïssent : qu'ils ne se relèvent plus !

Ô Éternel, tu es le bouclier de mon secours, l'épée de la majesté dont je suis revêtue, celui qui me sauve !

Mes ennemis défailliront devant moi et je foulerai au pieds leurs hauts lieux.

Éternel, commence aujourd'hui à me rendre grand au yeux de tout ton peuple, le peuple Britanno-Colombien, afin qu'ils sachent que tu es avec moi comme tu as été avec mes pères !

Prière pour gouverner en Colombie-Britannique - vol.1

Donnes-moi d'accomplir tout ce que tu as ordonné en battant tous ces rois, eux et toutes leurs armées avec eux, formant un peuple en quantité aussi innombrable que le sable qui est sur le bord de la mer, et les chevaux et les chars très nombreux, qui sont sortis !

Donnes-moi d'accomplir tout ce que tu as ordonné en battant ces rois qui se sont concertés et ont établi leur camp contre ton peuple, le peuple Britanno-Colombien !

Qu'ainsi je prenne tout le pays, depuis les territoires fortifiés du Nord-est jusqu'aux territoires du Sud de la Colombie-Britannique !

Donnes-moi de battre les rois du pays, ô mon Dieu, afin que le pays soit partagé entre tous les Britanno-Colombiens et Britanno-Colombiennes : hommes, femmes, enfants !

Uses de bienveillance envers ton peuple, le peuple Britanno-Colombien, et que chacun de nous trouve du repos dans ta maison !

Uses de bonté envers nous afin que nos cœurs restent attachés à toi, Dieu des cieux !

Acquiers de la main de tous nos adversaires ce champ qu'est la Colombie-Britannique et la vigne que nous sommes !

Acquiers ce champ qu'est la Colombie-Britannique ainsi que la vigne que nous sommes afin de maintenir le nom de la Colombie-Britannique parmi les nations !

Acquiers ce champ qu'est la Colombie-Britannique ainsi que la vigne que nous sommes afin que le nom de la Colombie-Britannique ne soit pas retranché d'entre ses frères et de la porte de sa ville !

Que notre force s'élève par toi et que notre bouche s'ouvre contre nos ennemis !

Prière pour gouverner en Colombie-Britannique - vol.1

Ô Dieu de notre salut, toi qui es saint et qui connais tout, souviens-toi de ton serviteur et de ton peuple, le peuple Britanno-Colombien !

Toi par qui les agissements sont pesés, viens briser l'arc des héros, et, que ceux de nous qui trébuchions ayons la vaillance pour ceinture !

Ô toi le rocher, que ceux qui étaient rassasiés cherchent un gagne-pain, et, que nous qui étions affamés ayons du répit !

Qu'on enfante sept fois, et, que celles qui avaient beaucoup de fils soient flétries !

Toi qui fais mourir et qui fais vivre, ne nous fais pas descendre au séjour des morts mais fais-nous en remonter !

Toi qui appauvris et qui enrichis, élèves-nous et ne nous abaisses pas !

De la poussière, viens nous redresser !

Du fumier, viens nous relever !

De la poussière, viens nous redresser, et du fumier, viens nous relever, pour nous faire siéger avec les notables ; et nous donner un trône de gloire ; car les colonnes de la terre sont à toi et c'est sur elles que tu as posé le monde !

Gardes les pas de tes fidèles mais que les méchants se perdent dans les ténèbres ! Car l'homme ne triomphera pas par la force.

Que ceux qui contestent avec toi soient terrifiés ; tonnes contre eux dans les cieux et viens juger les extrémités de la terre !

Donnes la puissance à ton roi , et relèves la force de ton messie !

Seigneur Éternel, toi qui es vivant et qui as fait de moi un être vivant, empêches la main de ton serviteur d'en arriver au crime et d'assurer lui-même son salut !

Prière pour gouverner en Colombie-Britannique - vol.1

Que mes ennemis et que ceux qui me veulent du mal soient des méchants à tes yeux mais qu'on ne trouve jamais en moi le mal !

Si un homme se dresse, me poursuit et en veut à ma vie, que mon âme soit gardée à l'abri parmi les vivants auprès de toi Éternel, mon Dieu, mais que l'âme de mes ennemis soit lancée au loin comme avec une fronde !

Seigneur Éternel, toi qui es vivant et qui as fait de moi un être vivant, empêches la main ton serviteur d'en arriver au crime et d'assurer lui-même son salut, afin que je n'ai ni remords ni mauvaise conscience d'avoir voulu assurer moi-même mon salut lorsque tu m'auras fait tout le bien que tu m'as promis et m'établiras comme berger de ton peuple, le peuple Britanno-Colombien !

Ô Éternel, prends-moi derrière le troupeau pour que je puisse conduire ton peuple, le peuple Britanno-Colombien !

Sois avec moi partout où j'irai, retranches tous mes ennemis devant moi, rends mon nom grand comme le nom des grands qui sont sur la terre !

Viens attribuer une place à ton peuple, le peuple Britanno-Colombien !

Plantes-le pour qu'il y demeure et ne soit plus agité ; pour que les hommes injustes ne recommencent plus à l'humilier comme autrefois, et comme à l'époque où tu avais établi tes serviteurs sur ton peuple, le peuple Britanno-Colombien !

Accordes-moi du repos en me délivrant de tous mes ennemis et fais-moi une maison !

Quand mes jours seront accomplis, maintiens ma descendance après moi, celle qui va sortir de mes entrailles, et affermis son règne !

Que cette descendance te bâtisse une maison en ton nom, toi-même sois pour elle comme un père et qu'elle soit pour toi comme un enfant !

Prière pour gouverner en Colombie-Britannique - vol.1

Si elle commet des fautes, corriges-la avec le bâton des hommes et avec les coups des humains ; mais que ta bienveillance ne se retire pas d'elle !

Lorsque des membres de ton peuple, le peuple Britanno-Colombien, m'assiégeront et élèveront contre moi des retranchements, lèves-toi et secours moi !

Mon roc, ma forteresse, mon libérateur, le Dieu qui est mon rocher, où je me réfugie, mon bouclier et la force qui me sauve, ma haute retraite ;

Ô mon sauveur, sauves- moi de la violence !

Sauves-moi des flots de la mort qui m'enserrent ; des torrents de la destruction qui m'épouvantent ; des liens du séjour des morts qui m'entourent et des filets de la mort qui sont devant moi ;

Dans ma détresse je t'invoque ; de ton palais entends ma voix, et que mon cri parvienne à toi !

Étends ta main d'en haut, saisis moi, retires-moi des grandes eaux ; délivres-moi de mon ennemi puissant, de ceux qui me haïssent et qui sont plus forts que moi !

Toi qui es ma puissante forteresse, prépares parfaitement mon chemin !

Rends mes pieds semblable à ceux des biches, et fais-moi tenir sur les hauteurs !

Exerces mes mains au combat et que mes bras tendent l'arc !

Que je poursuive mes ennemis, qu'ils tombent sous mes pieds et ne se relèvent plus !

Ceins mes reins de force pour le combat et fais plier sous moi mes adversaires !

Réduis au silence ceux qui me haïssent !

Fais-moi échapper aux disputes de mon peuple ; et gardes-moi pour chef des nations !

Prière pour gouverner en Colombie-Britannique - vol.1

Toi qui m'accordes la vengeance, qui abaisses les peuples sous moi, et qui me soustrait de mes ennemis, élèves-moi au-dessus de mes adversaires et délivres-moi de l'homme violent !

Uses de bienveillance envers ton serviteur !

Sois avec moi comme tu l'as été avec avec mes pères et élèves mon trône plus que le trône de mes pères !

Fais-moi asseoir sur le trône royal et rends mon nom célèbre que celui de mes pères !

Éternel, mon Dieu, fais-moi asseoir sur le trône de la Colombie-britannique, donnes-moi de bâtir une maison en ton nom et que tes yeux soient jour et nuit ouverts sur cette maison afin d'écouter la supplication de ton serviteur et de ton peuple, le peuple Britanno-Colombien !

Quand ton peuple, le peuple Britanno-Colombien, sera battu devant l'ennemi, pour avoir fauté contre toi, s'ils reviennent à toi et célèbrent ton nom, s'ils t'adressent des prières et des supplications,

écoutes des cieux, pardonnes la faute de ton peuple et fais-le revenir dans l'héritage que tu as donné à leur père !

Quand le ciel sera fermé et qu'il n'y aura plus de pluie, parce que ton peuple, le le peuple Britanno-Colombien, aura fauté contre toi, s'ils prient, célèbrent ton nom et reviennent de leurs fautes, parce que tu les auras humilié,

écoutes des cieux, pardonnes la faute de tes serviteurs et ton peuple, le peuple Britanno-Colombien, et fais venir la pluie sur la terre que tu as donné en héritage à ton peuple !

Quand il y aura une grande famine dans le pays, quand il y aura la peste, quand il y aura la rouille et la nielle, la sauterelle et le criquet,

Prière pour gouverner en Colombie-Britannique - vol.1

quand l'ennemi assiégera ton peuple, le peuple Britanno-Colombien, dans son pays, dans ses portes, quand il y aura toutes sortes de plaies et de maladies,
écoutes chaque prière et chaque supplication que t'adressera tout homme, femme ou enfant pour ton peuple, le peuple Britanno-Colombien ;
écoutes du lieu où tu sièges et pardonnes la faute de tes serviteurs et ton peuple, le peuple Britanno-Colombien !

De même pour un étranger qui, lui, n'est pas de ton peuple, quand il viendra d'un pays lointain, à cause de ton nom, — car on saura que ton nom est grand, ta main est forte et ton bras étendu — quand il viendra prier en ce lieu que tu auras choisi pour y faire résider ton nom, écoutes du lieu où tu sièges, et accordes tout ce que l'étranger aura imploré de toi afin que tous les peuples de la terre connaissent ton nom pour te craindre, et qu'ils reconnaissent que ton nom est invoqué sur ton peuple, le peuple Britanno-Colombien !

Quand ton peuple, le peuple Britanno-Colombien, sortira pour combattre ses ennemis, en suivant le chemin sur lequel tu l'auras envoyé, s'ils te prient, écoutes des cieux leurs prières et leurs supplications et fais leur droit !

Quand ils pécheront contre toi, car il n'y a point d'Homme qui ne pèche,
quand tu seras irrité et les auras livré à l'ennemi, quand ceux qui les tiendront captifs les emmèneront en captivité dans un pays ennemi, lointain ou rapproché,
s'ils rentrent en eux-mêmes dans le pays où ils seront captifs, s'ils reviennent à toi, s'ils t'adressent des supplications dans le pays de ceux qui les ont emmenés captifs et qu'ils disent : Nous avons péché, nous avons commis des fautes, nous avons mal fait ;

S'ils reviennent à toi de tout leur cœur et de toute leur âme, et si dans le pays de leurs ennemis qui les ont emmené captifs, ils te prient, écoutes des cieux, du lieu où tu sièges, leurs prières et leurs supplications et fais-leur droit !

Prière pour gouverner en Colombie-Britannique - vol.1

Pardonnes à ton peuple car ils sont ton peuple et ton héritage !

Ô Éternel, Dieu de nos pères, toi qui nous élèves du milieu des nations et nous établis conducteurs de peuple nombreux,
toi qui arraches les royaumes à la main de nos adversaires pour nous les donner, donnes-nous de bien garder tes commandements et nous rallier à toi, de tout cœur !

Éloignes de nous le désir de nous bâtir des hauts lieux avec des stèles sur toute colline élevée et sous tout arbre verdoyant !

Ô Éternel ,élèves-moi de la poussière et établis-moi comme conducteur de ton peuple, le peuple Britanno-Colombien !

Ô Éternel, il me méprise, il se moque de moi, il m'insulte, il me bafoue, il élève la voix contre moi, et il dit qu'avec la multitude de ses chars, il a gravi la cime des montagnes ;

Qu'il n'entre pas dans cette ville, qu'il n'y lance pas de flèche et qu'il n'élève pas de retranchement contre moi !

Qu'il retourne par le chemin par lequel il est venu et qu'il n'entre pas dans cette ville !

Ô Dieu très-Haut, toi qui élèves le dernier des hommes, affermis-moi comme guide de la Colombie-Britannique et que mon règne prospère, à cause de ton peuple, le peuple Britanno-Colombien !

Sois avec moi partout où j'irai, retranches tous mes ennemis devant moi et rends mon nom semblable au nom des grands sur la terre !

Attribues une place à ton peuple, le peuple Britanno-Colombien, et plantes-le pour qu'il demeure et ne soit plus agité, pour que les hommes injustes ne recommencent plus à abuser de lui comme autrefois !

Prière pour gouverner en Colombie-Britannique - vol.1

Soumets tous mes ennemis, bâtis-moi une maison et maintiens ma descendance !

Portes les regards sur moi, à la manière des hommes, toi qui es élevé, Éternel, mon Dieu !

Toi en dehors de qui il n'y a point d'autre Dieu et à qui nul n'est semblable, toi qui libères ta province, la Colombie-britannique, pour en faire ton peuple ;

Pour ta renommée, fais de grandes choses, des choses redoutables et chasses les nations devant ton peuple !

Bénis sois-tu, d'éternité en éternité, Éternel, Dieu de nos pères !

À toi la grandeur, la puissance et la splendeur, l'éternité et l'éclat, car tout ce qui est au ciel et sur la terre est à toi, Éternel, ainsi que le règne, toi qui t'élèves souverainement au-dessus de tout !

Bénis sois-tu, d'éternité en éternité, Éternel, Dieu de nos pères, toi qui me donnes de te bâtir une grande maison, car tu es plus grand que tous les dieux !

Oui, tu es plus grand que tous les dieux !

Ô Dieu des cieux et de la terre, donnes-moi un cœur qui ne s'élève pas et ne se glorifie pas, et donnes-moi de rebâtir les villes Britanno-Colombiennes, d'en restaurer les murs et d'en réparer les fondements !

Qu'elles soient rebâties et que leurs murs soient restaurés afin qu'elles deviennent ta possession et qu'on y paie ta dîme !

Donnes-moi l'ordre de bâtir cette maison et d'en restaurer les murs !

Que tes yeux soient sur moi et qu'on ne me fasse pas interrompre cette œuvre !

Que le travail se fasse avec soin et réussisse entre mes mains, Dieu des cieux et de la terre !

Prière pour gouverner en Colombie-Britannique - vol.1

Lorsque tu m'auras fais du bien, en m'accordant magnificence et en multipliant ton peuple, le peuple Britanno-Colombien, que mon cœur ne s'élève pas en faisant le compte de toutes ces richesses !

Qu'en tout temps mon cœur soit un cœur repentant !

Qu'en tout temps je donne des leçons à beaucoup, que je fortifie les mains languissantes, que mes propos relèvent celui qui trébuche et que j'affermisse les genoux qui plient !

Que ta crainte soit mon soutien, toi qui fais des choses grandes et insondables, des merveilles sans nombre ; qui répands à la surface des champs la pluie ; relèves ceux qui sont abaissés et fais parvenir au salut ceux qui sont dans la tristesse !

Que ces villes détruites, ces maisons inhabitées, sur le point de tomber en ruines, dans lesquelles je demeure, moi et ton peuple, le peuple Britanno-Colombien, soient rebâties !

Que la richesse soit encore à nos cotés, que notre fortune se relève et que notre prospérité s'étende sur la terre !

Ô toi mon témoin dans le ciel, mon répondant qui es dans les lieux élevés, que mes cris prennent librement leur essor et que la terre ne recouvre pas mon sang !

Que le triomphe des méchants soit court, et la joie de l'impie momentanée !

Quand sa taille s'élèverait jusqu'au ciel et que sa tête toucherait aux nuages, fasses qu'il périsse pour toujours comme l'ordure, et que ceux qui le voyaient disent : Où est-il ?

Qu'il s'envole comme un rêve, et qu'on ne le trouve plus ; qu'il soit chassé comme une vision nocturne ; que l'œil qui le regardait ne le regarde plus et que le lieu qu'il habitait ne le perçoive plus !

Que ces fils soient assaillis par les indigents, et que ses mains restituent ce qui

Prière pour gouverner en Colombie-Britannique - vol.1

faisait sa fortune !

Que le ciel révèle sa faute et que la terre s'élève contre lui !

Que les revenus de sa maison soient balayés, emportés au jour de ta colère, mais que moi je fasses de toi, Tout-Puissant, mes délices et que ma face s'élève vers toi !

Je t'implore, Tout-Puissant, exauces-moi et accomplis mes vœux !

Que ta lumière brille sur mes sentiers et sauves-moi !

Ils se sont élevés, mais en un instant, qu'ils ne soient plus, qu'ils tombent, qu'ils arrivent à leur terme comme tous les hommes, et qu'ils soient coupés comme la tête des épis !

Si j'ai refusé aux indigents ce qu'ils désiraient, si j'ai fait languir les yeux de la veuve, si j'ai mangé seul mon pain, sans que l'orphelin puisse en manger, pardonnes-moi !

Si j'ai vu le vagabond manquer de vêtements, le pauvre n'avoir point de couverture, sans que ses reins m'aient béni, sans qu'il ait été réchauffé par la toison de mes agneaux, pardonnes-moi !

Si j'ai levé la main contre l'orphelin, parce que je me voyais soutenu par les juges, pardonnes-moi !

Si j'ai mis dans l'or mon assurance, si j'ai dit au métal précieux : En toi je me confie ; si je me suis réjoui de l'abondance de mes biens, de mes richesses ; si j'ai regardé la lumière du soleil quand il brillait, la lune quand elle s'avançait radieuse, et si mon cœur s'est laissé séduire en secret, si ma main s'est portée à ma bouche pour un baiser, pardonnes-moi !

Si je me suis réjoui du malheur de celui qui me haïssait, si j'ai sauté d'allégresse parce qu'un mal l'avait atteint, pardonnes-moi !

Prière pour gouverner en Colombie-Britannique - vol.1

Si, comme tout être humain, j'ai caché mes crimes, pour enfouir mes fautes dans mon sein, parce que j'étais effrayé de la rumeur de la foule, parce que le mépris des familles me terrifiait, pardonnes-moi !

Si mon terrain crie contre moi, et que ses sillons versent des larmes ; si j'en ai mangé le produit sans l'avoir payer, et que j'ai désespéré l'âme de ses propriétaires, pardonnes-moi !

Toi qui es puissant et ne rejette personne ;

Toi qui es puissant par ta force et ton intelligence;

Toi qui ne laisses pas vivre le méchant et qui fais droit aux malheureux ;

Ne détournes pas les yeux loin de moi, places-moi sur le trône, fais-moi asseoir pour toujours, afin que je sois élevée !

Que ma voix s'élève jusqu'aux nuages, pour que des torrents d'eaux me recouvrent !

Fasses que je m'élève comme l'aigle et que je place mon nid sur les hauteurs !

Fasses que, comme l'aigle, je demeure dans les rochers, sur une dent de rochet, comme une forteresse et y passe la nuit !

Que de là j'épie ma proie, et que de loin mes yeux l'aperçoive !

Que mes petits boivent le sang ; et là où sont des cadavres, que je sois là !

Que personne ne puisse me prendre à l'hameçon et lier ma langue avec une corde !

Que personne ne me prenne comme esclave pour toujours !

Que personne ne joue avec moi comme avec un oiseau !

Que personne ne m'attache pour amuser ses jeunes filles !

Que des associés ne me mettent pas en vente ; qu'ils ne me partagent pas entre des marchands !

Prière pour gouverner en Colombie-Britannique - vol.1

Qu'on ne couvre pas ma peau de dards et ma tête de harpons à poissons !

Quand on m'attend, qu'on soit déçu ; et qu'on soit renversé par mon seul aspect !

Ô Dieux des cieux, qui donc te résisterait en face et qui t'a fait des avances pour que tu lui rendes ?

Sous les cieux tout est à toi !

Que mes éternuements fassent briller de la lumière, et que mes yeux soient comme les paupières de l'aurore !

Quand je me lève, que les plus robustes aient peur et s'esquivent, brisés d'effroi !

Pour celui qui m'approche, que l'épée ne serve à rien, ni la lance, ni le javelot, ni la cuirasse !

Donnes-moi de considérer le fer comme de la paille et le bronze comme du bois pourri !

Que la flèche ne me fasse pas prendre la fuite et que les pierres de la fronde soient pour moi de la paille !

Que la massue soit considérée par moi comme de la paille et que je ris au sifflement du javelot !

Que sous moi soient des pointes aiguës !

Donnes-moi de laisser après moi un sentier lumineux ; et que l'abîme devienne comme la chevelure d'un vieillard !

Que nul ne soit mon maître sur la terre ; et que je n'éprouve pas de terreur !

Que je regarde tout ce qui est élevé et que je sois le plus digne de tous !

Ô Éternel, toi qui es pour moi un bouclier, sois ma gloire et relèves ma tête !

Que la communauté des peuples t'environne !

Prière pour gouverner en Colombie-Britannique - vol.1

Reviens bien haut au-dessus d'elle !

Éternel, notre Seigneur, magnifies ton nom sur toute la terre et établis ta majesté au-dessus des cieux !

Le méchant dit avec arrogance que tu ne punis pas et qu'il n'y a point de Dieu ;

Ses voies réussissent en tout temps, il souffle contre ses adversaires et tes jugements sont trop élevés pour l'atteindre ;

Il dit en son cœur qu'il ne chancellera pas, de génération en génération, et qu'il est à l'abri du malheur ;

Sa bouche est pleine de malédictions, de tromperies et de fraudes ; il y a sous sa langue malheur et injustice ;

Il se tient en embuscade près des villages, il tue l'innocent dans les lieux écartés et ses yeux épient le malheureux ;

Il est en embuscade dans un lieu écarté, comme le lion dans sa tanière, il est en embuscade pour surprendre le malheureux et il le surprend en l'attirant dans son filet ;

Il se courbe, il se baisse et les malheureux tombent en son pouvoir ;

Il dit en son cœur que tu oublies, que tu caches ta face, que tu ne regardes jamais, ô Seigneur Dieu !

Lèves-toi, Éternel Dieu, élèves ta main, n'oublies pas les humbles !

Pourquoi le méchant t'outrage t-il et dit-il en son cœur que tu ne vois pas ?

Vois la peine et la souffrance, regardes pour prendre en main la cause du malheureux qui s'abandonne à toi, et viens au secours de l'orphelin !

Brises le bras méchant, et qu'il disparaisse à tes yeux !

Éternel, toi qui es roi à toujours et à perpétuité, que les païens disparaissent de ta terre, la province de la Colombie-Britannique !

Entends les désirs des humbles, affermis leur cœur, prêtes l'oreille pour rendre

Prière pour gouverner en Colombie-Britannique - vol.1

justice à l'orphelin et à l'opprimé, afin que l'homme tiré de la terre ne continue plus à faire trembler d'effroi !

Jusqu'à quand, Éternel, m'oublieras-tu sans cesse ?

Jusqu'à quand me cacheras-tu ta face ?

Jusqu'à quand aurais-je des soucis dans mon âme, et chaque jour du chagrin dans mon cœur ?

Jusqu'à quand mon ennemi s'élèvera-t-il contre moi ?

C'est toi qui ceins de force et rends parfait les chemins ;

Rends mes pieds semblable à ceux des biches et fais-moi tenir sur les hauteurs.

Fasses que je pourfende mes ennemis, qu'ils ne puissent pas se relever et qu'ils tombent sous mes pieds.

Accordes-moi la vengeance, assujettis-moi des peuples et fais-moi échapper à mes ennemis.

Élèves-moi au-dessus de mes adversaires et délivres-moi de l'homme violent !

Fais-moi monter à ta montagne, Éternel, élèves-moi jusqu'au lieu saint !

Portes, élevez vos linteaux ; élevez-les, portails éternelles ;

Que le roi de gloire fasse son entrée !

Vers toi Éternel, j'élève mon âme ;

Protèges-moi dans ton tabernacle au jour de mon malheur ; caches-moi sous l'abri de ta tente et élèves-moi sur un rocher !

Que ma tête s'élève sur mes ennemis qui m'entourent ; j'offrirai des sacrifices dans ta tente, des sacrifices d'acclamation, je chanterai et je psalmodierai en ton honneur, Éternel !

Ne me livres pas au désir de mes adversaires, car il s'élève contre moi de faux témoins et l'on ne respire que la violence !

Prière pour gouverner en Colombie-Britannique - vol.1

Écoutes la voix de mes supplications, quand je crie vers toi, quand j'élève mes mains vers ton sanctuaire !

Renverses les méchants et qu'ils ne se relèvent plus !

Je t'exalte, Éternel, toi qui me relèves ; et ne laisses pas mes ennemis se réjouir à mon sujet !

Que tous ensemble ils aient honte et qu'ils rougissent, ceux qui se réjouissent de mon malheur !

Qu'ils revêtent la honte et la confusion, ceux qui s'élèvent contre moi !

Qu'ils tombent là, ceux qui commettent l'injustice ; qu'ils soient renversés et qu'ils ne puissent pas se relever !

J'espère en toi, Éternel, je garde ta voie ; élèves-moi pour que je possède le pays ; et que les méchants soient renversés !

Que mes fautes ne s'élèvent pas au-dessus de ma tête et comme un pesant fardeau, qu'elles ne soient pas trop pesantes pour moi !

Qu'ils ne se réjouissent pas à mon sujet et ne s'élèvent pas contre moi, quand mon pied vacille !

Toi qui es souverainement élevé, fasses que tous ceux qui me haïssent ne chuchotent pas entre eux contre moi !

Quand mes ennemis me déshonorent, donnes-moi de supporter, et quand celui qui me hait se lève contre moi, donnes-moi de me cacher de lui !

Élèves-toi sur les cieux et que ta gloire soit sur toute la terre !

Rétablis-nous, ô Dieu, ne nous repousses pas, ne nous bats pas en brèche et ne t'irrites pas !

Mais en faveur de la vérité, donnes à ceux qui te craignent une bannière !

Que ceux qui prennent plaisir au mensonge, qui bénissent de la bouche et

Prière pour gouverner en Colombie-Britannique - vol.1

maudissent du cœur ne prennent pas conseil pour me renverser !

Ainsi, je te bénirai toute ma vie, j'élèverai mes main en ton nom !

Rebelle, ne vous élevez pas ! Car il domine par sa puissance et ses yeux surveillent les nations.

Moi, je suis malheureux et souffrant : Ô Dieu, que ton salut me relève !

Accrois ma grandeur et consoles-moi de nouveau !

Les méchants élèvent leur bouche jusqu'aux cieux, et leur langue se promène sur la terre !

N'oublies pas la voix de tes adversaires, le tumulte sans cesse de ceux qui se dressent contre toi !

Je dis à ceux qui se vantent : Ne vous vantez pas ! Et aux méchants : N'élevez pas le front ! Car Dieu est celui qui juge : Il abaisse et il élève.

J'abattrai le front de tous les méchants ; et le front des justes s'élèvera.

Ma voix s'élève à Dieu, et je cris ; ma voix s'élève à Dieu, et il tend l'oreille vers moi.

Il a bâti son sanctuaire comme les lieux élevés, comme la tente qu'il a fondé pour toujours.

Ô Dieu, fais-nous revenir !

Fais briller ta face, et nous serons sauvés !

Dieu des armées, fais nous revenir !

Fais briller ta face, et nous serons sauvés !

Éternel, Dieu des armées, fais-nous revenir !

Fais briller ta face, et nous serons sauvés !

Réjouis l'âme de ton serviteur ! Vers toi, Seigneur, j'élève mon âme, et moi, c'est toi, Éternel, que j'ai appelé au secours.

Prière pour gouverner en Colombie-Britannique - vol.1

Au matin ma prière va au-devant de toi ;
À toi un bras armé de vaillance ;
Ta main est puissante, ta droite élevée.

Tu parles dans une vision à tes fidèles et tu dis : J'ai prêté mon secours à un héros, j'ai élevé du milieu du peuple un homme ;

Ma fidélité et ma bienveillance seront avec lui, et sa force s'élèvera par mon nom.

Et moi je ferai de lui le premier-né, le plus haut placé des rois de la terre ; Je n'élèverai pas la droite de ses adversaires, je ne réjouirai pas ses ennemis.

Le nombre de nos années s'élève à soixante-dix ans et, si nous sommes vigoureux, à quatre-vingt ans ; Et leur agitation n'est que peine et misère, car cela passe vite, et nous nous envolons.

Les justes fleurissent comme le palmier, ils croissent comme le cèdre du Liban, les fleuves élèvent leur voix, les fleuves élèvent leur grondement :

Tu es le Très-Haut sur toute la terre !

Tu es souverainement élevé au-dessus de tous les dieux !

Tu es grand dans ton saint lieu, et tu es élevé au-dessus de tous les peuples !

Tu te penches du haut de ton saint lieu ; et des cieux tu regardes sur la terre !

Autant les cieux sont élevés au-dessus de la terre, autant ta bienveillance est efficace pour ceux qui te craignent !

Des montagnes s'élèvent et des vallées s'abaissent au lieu que tu les as établi !

Tu relèves le pauvre de sa misère et tu multiplies les familles comme des troupeaux ! Car ta bienveillance s'élève au-dessus des cieux, et ta vérité jusqu'aux mers.

Élèves-toi sur les cieux, ô Dieu, et que ta gloire soit sur toute la terre ! Tu fais

Prière pour gouverner en Colombie-Britannique - vol.1

des largesses, tu donnes au pauvre, sa justice subsiste à jamais, et sa puissance s'élève avec gloire.

Éternel, tu es élevé au-dessus de toutes les nations, ta gloire est au-dessus des cieux !

De la poussière tu redresses le faible, et du fumier tu relèves le pauvre, pour le faire siéger avec les notables, avec les notables de son peuple !

J'élèverai la coupe des délivrances et j'invoquerai le nom de l'Éternel !

Des cris de triomphe et de salut s'élèvent dans les tentes des justes : La droite de l'Éternel agit avec puissance !

Relèves-moi selon ta parole !

Éternel, je n'ai ni un cœur arrogant, ni des regards hautains ; je ne m'engage pas dans des questions trop grandes et trop merveilleuses pour moi !

Élèves la puissance de ton serviteur et prépares lui une personne qui lui succédera !

Élevez vos mains vers le sanctuaire et bénissez l'éternel !

L'Éternel est élevé : il voit ce qui est abaissé et reconnaît de loin les arrogants !

Une telle science est trop merveilleuse pour moi, trop élevée pour que je puisse la saisir !

Éternel, n'aurais-je pas de la haine pour ceux qui te haïssent et du dégoût pour ceux qui se soulèvent contre toi ?

Que des charbons ardents se renversent sur eux !

Qu'on les précipitent dans le feu, dans les fondrières d'où ils ne se relèveront plus !

Que le juste me frappe, c'est une faveur ;

Qu'il me fasse des reproches, c'est une huile sur ma tête : Ma tête ne s'y

Prière pour gouverner en Colombie-Britannique - vol.1

refusera pas ; mais de nouveau ma prière s'élèvera contre leur méchanceté.

Fais-moi entendre dès le matin ta bienveillance ! Car je me confie en toi.

Fais-moi connaître le chemin où je dois marcher ! Car j'élève à toi mon âme.

Louez l'Éternel ! Louez l'Éternel du haut des cieux ! Louez-le dans les hauteurs ! Louez le nom de l'Éternel ! Car son nom seul est élevé ; sa majesté domine la terre et les cieux.

Prière pour gouverner en Colombie-Britannique - vol.1

V

Ô Dieu très-Haut, toi qui domines sur toute royauté humaine, qui la donnes à qui il te plaît, et qui élèves le dernier des Hommes ;

Donnes-moi de crier dans les rues, d'élever ma voix dans les places ; à l'entrée des lieux bruyants ; à l'entrée des portes, dans la ville, et que je prononce tes paroles : Revenez pour écouter mes réprimandes ! Voici que je répandrai sur vous mon esprit, je vous ferai connaître mes paroles...

Je t'appelle, et j'élève ma voix vers toi !

Je te cherche comme l'argent, je te recherche avec soins comme des trésors : Donnes-moi de comprendre ta crainte !

Élèves-moi, fais ma gloire, mets sur ma tête un gracieux ruban et ornes-moi d'un magnifique diadème !

Places-toi à la croisée des chemins, au sommet des hauteurs près des routes et fasses que la Colombie-Britannique s'élève par la bénédiction des hommes droits et par la justice !

Que la Colombie-Britannique ne cherche pas le désastre !

Que son cœur ne s'élève pas ; mais que l'humilité la conduise à la gloire !

Que son esprit le soutienne dans sa maladie et que son esprit ne soit pas abattu !

Que la Colombie-Britannique se construise par ta sagesse, qu'elle s'affermisse par ton intelligence, et que ta sagesse ne soit pas trop élevée pour elle afin qu'elle puisse toujours ouvrir la bouche à la porte !

Lorsque ton peuple, le peuple Britanno-Colombien, tombera à sept reprises, qu'il se relève !

Prière pour gouverner en Colombie-Britannique - vol.1

Donnes à ton peuple, le peuple Britanno-Colombien, de ne pas se tenir à ta place !

Que les justes parmi ton peuple, le peuple Britanno-Colombien, triomphent et que les méchants se cachent !

Que les méchants périssent et que les justes parmi ton peuple, le peuple Britanno-Colombien, soient nombreux !

Que ton peuple, le peuple Britanno-Colombien, ait un bon salaire de sa peine et s'il tombe relèves-le !

Que le pauvre ne soit pas opprimé et que le droit et la justice ne soient pas violés dans la province de ton peuple !

Si l'esprit de celui qui domine s'élève contre nous, donnes-nous de ne pas quitter notre place !

Qu'on ne soit pas dans l'abaissement jusqu'à ce que nous retournions à la terre, comme nous étions, ô Dieu !

Que ma tête se dresse comme le Vignoble de Dieu, et que les nattes de ma tête soient comme la pourpre !

Éduques-moi, élèves-moi et que je ne me révolte pas contre toi !

Que je sois fondé sur le sommet des montagnes, et que je m'élève au-dessus des collines !

Que les regards arrogants de l'être humain soient abaissés, et que toi seul, Éternel, tu sois élevé ; toi qui as fixé un jour contre tout ce qui est hautain et orgueilleux, contre ce qui s'élève et qui sera abaissé ; contre toutes les hautes montagnes et contre toutes les collines élevées !

Que l'arrogance de l'être humain soit courbée, que l'orgueil des hommes soit abaissé, et que toi seul, Éternel, tu sois élevé !

Prière pour gouverner en Colombie-Britannique - vol.1

Ô Seigneur, toi qui es assis sur un trône élevé, donnes-moi un signe dans les lieux d'en-bas et dans les lieux élevés !

Que le territoire des deux rois qui m'épouvantent soit abandonné !

Seigneur, fais monter contre eux les puissantes et grandes eaux du fleuve ! Car leur méchanceté brûle comme un feu qui dévore ronces et épines, il embrasse les taillis de la forêt qui dissipent en volutes de fumée.

Seigneur, Éternel des armées, brises les rameaux avec violence ! C'est toi, qui élèves une bannière pour les nations, qui rassembles les bannis de celui qui a lutté avec Dieu et les hommes et a été vainqueur, et c'est toi qui recueilles les dispersés de ton peuple des quatre coins du monde.

Donnes-moi de franchir les portes des nobles !

Donnes-moi de me relever pour conquérir la terre et remplir le monde de paix !

Que tous mes ennemis soient confus !

Élèves des tours de garde, renverses les Donjons de mes ennemis et mets-les en ruine ; afin que j'élève ma voix et pousse des acclamations en ton honneur !

Que ma terre ne titube pas, qu'elle ne vacille pas, qu'aucun crime ne pèse sur moi, et que je ne tombe pas !

Renverses, abaisses les fortifications élevées des murs de mes adversaires et fasses qu'elles touchent terre, jusque dans la poussière !

Campes contre tous mes ennemis tout à l'entour, cernes-les par des postes armées et élèves contre eux des retranchements !

Que sur toute haute montagne et toute colline élevée, il y ai des ruisseaux et des courants d'eau, au jour du grand carnage, à la chute de leurs tours !

Ne retires pas tes paroles contre la maison des méchants et contre leurs secours, toi qui es élevé et qui habites en haut, qui remplis ton peuple, le peuple Britanno-

Prière pour gouverner en Colombie-Britannique - vol.1

Colombien, de droit et de justice !

Éternel, maintenant élèves-toi, et maintenant dresses-toi et sois élevé !

Fais-moi habiter dans les lieux élevés ; que les rocs fortifiés soient ma retraite ; que le pain me soit donné et l'eau assurée !

Que je ne m'éteigne ni la nuit, ni le jour !

Fais-moi monter sur une haute montagne, car je suis ton messager !

Que ma voix s'élève avec force et que je sois sans crainte :

Chantez à l'éternel un cantique nouveau, sa louange depuis le bout du monde, vous qui voguez sur la mer et vous qui la remplissez, les îles et leurs habitants !

Que le désert et ses villes élèvent la voix, ainsi que leurs villages !

Qu'ils acclament en acclamation et que du sommet des montagnes retentissent des cris de joie !

Ô Éternel, toi qui traces une route dans la mer et un sentier dans les eaux puissantes, qui mets en campagne des chars et des chevaux, une armée et de vaillants guerriers,

Fais une chose nouvelle, qu'elle soit en germe maintenant !

Mets un chemin dans le désert et des fleuves dans la terre aride !

Accomplis ce que prédisent tes envoyés : Que la Colombie-Britannique soit habitée, que ces villes soient rebâties et ses ruines relevées !

Que les gains de nos adversaires passent chez nous !

Que ce soit peu que je sois ton serviteur !

Fasses que je relève ton peuple, le peuple Britanno-Colombien, et que je ramène les restes de ton peuple !

Établis-moi pour être la lumière des nations et que ton salut soit manifesté jusqu'aux extrémités de la terre !

Prière pour gouverner en Colombie-Britannique - vol.1

Réponds-moi, secours-moi !

Protèges-moi, établis-moi pour faire alliance avec le peuple, pour relever la Colombie-Britannique et distribuer les héritages !

De tous les fils enfantés par la Colombie-Britannique, il n'y en a aucun pour la conduire !

De tous les fils élevés par la Colombie-Britannique , il n'y en a aucun pour la prendre par la main !

Que tout instrument de guerre fabriqué contre moi soit sans effet ; et que toute langue qui s'élèvera en justice contre moi, soit convaincue de méchanceté !

Fais-moi sortir dans la joie et que je sois conduit dans la paix ! Car tu es le Très-Haut dont la demeure est Éternel et dont le nom est saint.

Fais moi rebâtir sur d'anciennes ruines et relever d'antiques décombres !

Fais-moi rénover les villes désertes, dévastées pendant des générations !

Je me réjouirai pleinement en toi et mon âme sera ravie d'allégresses ! Car c'est toi, qui depuis longtemps, brise mon joug et rompt mes liens.

Quand je prierai en faveur de ton peuple, le peuple Britanno-Colombien, quand j'élèverai pour eux des cris et des prières, et quand j'intercéderai auprès de toi pour eux, écoutes-moi !

Que ma tente ne soit pas dévastée et que mes cordages ne soient pas rompus !

Ne relèves pas les pans de ma robe sur mon visage, afin que personne ne voit mon ignominie !

Éloignes de moi le deuil et que mes villes, ne soient pas épuisées, sombres, abattues par terre !

Que je ne sois pas comme les ânes sauvages qui se tiennent sur les crêtes, aspirant l'air comme des chacals ; les yeux languissants, parce qu'il n'y a point

Prière pour gouverner en Colombie-Britannique - vol.1

d'herbe !

Que le malheur qui va de nation en nation, et que la tempête qui s'élève des extrémités de la terre s'écartent de moi et ne m'atteignent pas !

Que des terrassements ne soient pas dressés pour me prendre, et que je ne sois pas livré entre les mains de mes adversaires qui m'attaquent !

Éternel, que des eaux s'élèvent du Nord, qu'elles deviennent comme un torrent qui inonde ; qu'elles inondent le pays de mes adversaires et ce qu'il contient, les villes et leurs habitants !

Que les hommes crient ; que tous les habitants du pays de mes adversaires hurlent au bruit de la trépidation des sabots de tes puissants chevaux, au grondement de tes chars et au fracas de tes roues !

Qu'il arrive, le jour de dévaster tout le pays de mes adversaires, et de retrancher ceux qui servaient d'auxiliaires à mes adversaires !

Que mes adversaires soient réduits au silence ainsi que le reste de leur plaine !

Qu'ils soient enivrés ; que mes adversaires se débattent dans leur vomissement !

Qu'ils ne soient plus un peuple ! Car ils se sont élevés contre toi, Éternel.

Je l'annoncerai parmi les nations, je le ferai entendre et j'élèverai une bannière ! Le pays qui ne craignait pas Dieu est couvert de honte et la ville qui maudissait le roi est terrorisée ; leurs statues sont couvertes de honte et leurs idoles sont terrorisées ! Car une nation monte du nord contre mes adversaires, elle réduira leur pays en une désolation, il n'y aura plus d'habitants ; Hommes et bêtes s'en iront errants.

Que les archers soient appelés contre la porte de celui qui prend sa pensée pour la pensée de Dieu, tous ceux qui manient l'arc !

Prière pour gouverner en Colombie-Britannique - vol.1

Qu'ils campent autour d'elle et que personne n'échappe !

Qu'elle soit rétribuée selon ses œuvres et qu'il lui soit fait entièrement comme elle a fait ! Car elle s'est montrée présomptueuse envers l'Éternel, envers celui qui a combattu avec Dieu et les hommes et a été vainqueur.

Que la présomptueuse trébuche et tombe et que personne ne la relève !

Mets le feu à ses villes et qu'il en dévore tous les alentours !

Quand l'on voudra la guérir, qu'elle ne guérisse pas ; et qu'elle soit abandonnée et que chacun aille dans son pays ! Car son jugement atteint jusqu'au cieux et s'élève jusqu'aux nués.

Qu'une barrière soit élevée contre les murailles de la porte de celui qui prend sa pensée pour la pensée de Dieu, que la garde soit renforcée, que des sentinelles soient postées et des embuscades dressées ! Car l'Éternel a un dessein qu'il exécute, ce qu'il a prononcé contre les habitants de la porte de celui qui prend sa pensée pour la pensée de Dieu.

Qu'une bannière soit élevée contre elle !

Qu'un cor soit sonné parmi les nations, que des nations soient consacrées contre elle et des royaumes appelés contre elle !

Que des recruteurs soient établis contre elle !

Que des chevaux comme des grillons qui se hérissent s'avancent contre elle !

Éternel, fais sortir du milieu d'elle ton peuple, et que la vie de chaque Britanno-Colombien et Britanno-Colombienne soit sauvée, loin de ta colère ardente !

Quand la porte de celui qui prend sa pensée pour la pensée de Dieu s'élèverait jusqu'aux cieux, quand elle rendrait inaccessible ses hautes forteresses, que des dévastateurs viennent contre elle de ta part, Éternel !

Que la porte de celui qui prend sa pensée pour la pensée de Dieu soit ainsi

Prière pour gouverner en Colombie-Britannique - vol.1

submergée ; qu'elle ne se relève pas du malheur que tu emmèneras sur elle ; et qu'elle tombe épuisée !

Ô Éternel, c'est toi qui exécutes ce que tu as décidé, et qui accomplis ta parole que tu décrètes dès les temps anciens !

Ne fais pas de moi la joie de mes ennemis et n'élèves pas la force de mes adversaires !

N'appelles pas sur moi l'effroi de tous cotés, comme en un jour solennelle !

Que celui que j'aime tendrement, ton peuple, le peuple Britanno-Colombien, survive au jour de ta colère, Éternel !

Mais contre mes ennemis et les ennemis de ton peuple, le peuple Britanno-Colombien, mets un siège, construis des retranchements, élèves contre eux des terrasses, places contre eux des camps et dresses contre eux des béliers tout autour !

Que leurs morts soient au milieu de leurs idoles, autour de leurs autels, sur toute colline élevée, sur tous les sommets des montagnes, sous tout arbre vert, sous tout chêne touffu, là où ils offraient des parfums d'une agréable odeur à leurs idoles !

Étends ta main sur eux et rends le pays plus solitaire et plus désolé que le désert, partout où nos adversaires habitent !

Que la violence s'élève pour servir de bâton à la méchanceté, mais que ta gloire soit sur moi et ton peuple, le peuple Britanno-Colombien !

Plantes moi sur sur la montagne qui domine celui qui a combattu avec Dieu et les hommes et a été vainqueur !

Viens dresser ma ramure, fais-moi porter du fruit et que je devienne un cèdre magnifique !

Que tous les oiseaux de toute espèce reposent sous moi ; à l'ombre de mes branches, afin que tous les arbres des champs reconnaissent que toi, Seigneur,

Prière pour gouverner en Colombie-Britannique - vol.1

Éternel, tu abaisses l'arbre qui s'élève et élèves l'arbre qui s'abaisse, et que tu fais fleurir l'arbre sec !

Ô Seigneur, Éternel, toi qui élèves ce qui est abaissé et qui abaisses ce qui est élevé, que ma tiare ne soit pas ôtée, et que ma couronne ne soit pas enlevée !

Tu cherches un homme qui protège les Britanno-Colombiens et les Britanno-Colombiennes par une clôture ; qui se tienne sur la brèche devant toi en faveur de la Colombie-Britannique, afin qu'elle ne soit pas détruite ; tu m'as trouvé ! Car depuis le sein maternel je suis ton serviteur.

N'amènes pas contre moi et ton peuple, le peuple Britanno-Colombien, le roi de la porte de celui qui prend sa pensée pour la pensée de Dieu, avec des chevaux, des cavaliers, un rassemblement et un peuple nombreux !

Qu'ils ne viennent pas tuer les filles et les fils de la Colombie-Britannique dans ses campagnes, qu'il ne fasse pas contre moi des retranchements, qu'il n'élève pas contre moi des terrasses et ne dresse pas contre moi de grand bouclier !

Il dit en son cœur arrogant : je suis dieu, je suis assis sur le siège des dieux, au cœur des mers, mais lui, il est homme et non dieu, il prend sa pensée pour la pensée de Dieu.

Il est plus sage que le prophète et rien est obscur pour lui !

Par sa sagesse et par son intelligence il s'est acquis de l'or et de l'argent dans ses trésors !

Par son habileté commerciale il a accru sa richesse, et par sa richesse son cœur est devenu arrogant !

C'est pourquoi, parce qu'il prend sa pensée pour ta pensée à toi , ô Dieu, fais venir contre lui des étrangers, les plus violents parmi les nations !

Qu'ils tirent leurs épées contre sa belle sagesse et profanent sa splendeur !

Prière pour gouverner en Colombie-Britannique - vol.1

Jettes-le dans le désert, lui et tous les poissons de ses fleuves !

Qu'il tombe à la surface des champs, qu'il ne soit ni rassasié ,ni recueilli !

Donnes le pour pâture aux animaux de la terre et aux oiseaux du ciel !

Qu'il soit le plus humilié des royaumes, lui et son peuple !

Qu'il ne s'élève plus au-dessus des nations !

Diminues-les, afin qu'ils ne dominent pas sur les nations !

Ô Seigneur, Éternel, que ton jour approche, jour de nué et temps de nations !

Suscites des ennemis à la multitude de mes ennemis afin de les faire disparaître !

Qu'aucun de mes ennemis ne prenne une taille élevée et ne lance sa cime entre les buissons touffus !

Qu'aucun de mes ennemis ne se dressent dans les hauteurs !

Ô Seigneur, Éternel, sois mon berger et que je ne sois pas la proie des animaux de la campagne !

Que je n'erre pas sur toutes les montagnes et sur toutes les collines élevées !

Prends soin de moi et que je ne sois pas disséminé à la surface de toute la terre !

Fais-moi paître dans un bon pâturage, et que mon parc soit sur les montagnes du haut pays de la Colombie-Britannique !

Là, que je repose dans un parc agréable et que je paisse dans de gras pâturage sur les montagnes de la Colombie-Britannique !

Ô Seigneur, Éternel, lorsque toute la province de la Colombie-Britannique sera dans la joie, fais de mes ennemis qui se sont élevés contre toi par leurs discours et leurs paroles grossières, une désolation ; mais pour moi, viens repeupler les villes de la Colombie-Britannique et que l'on rebâtisse sur les ruines !

Prière pour gouverner en Colombie-Britannique - vol.1

Élèves-moi, Seigneur, Éternel, afin que je sois à ton service et que je domine sur la terre !

Fasses que je devienne grand et fort, que ma cime atteigne le ciel et qu'on le voit sur toute la terre !

Que j'aie un beau feuillage et que mes fruits soient abondants !

Que je porte de la nourriture pour tous, et que sous moi s'abritent les bêtes des champs, et que les oiseaux du ciel demeurent dans mes branches !

Que je sois grand et puissant, que ma grandeur s'accroisse au point d'atteindre le ciel et que ma domination s'étende jusqu'aux extrémités de la terre !

Ô Seigneur des cieux, toi qui as dans ta main mon souffle et toutes mes voies ; donnes-moi un cœur qui ne s'élève pas contre toi, mais qui te glorifie !

Quand à la bête, ô Ancien des jours, qu'elle soit tuée, que son corps périsse et qu'elle soit livrée au feu !

Ô Ancien des jours, que toutes les autres bêtes qui la suivent soient dépouillées de leur puissance !

Et que plus jamais aucun roi ne s'élève pour faire ce qu'il veut de ton peuple, le peuple Britanno-Colombien !

Que tous les hommes, parmi ton peuple, le peuple Britanno-Colombien, qui se soulèveront pour accomplir cette vision, trébuchent !

Qu'aucun roi ne s'élève pour faire ce qu'il voudra, pour se glorifier au-dessus de tous les dieux et dire des choses incroyables contre toi, Dieu des cieux !

Qu'il ne s'avance pas dans la plus belle des provinces, la Colombie-Britannique, et qu'il ne fasse pas trébucher beaucoup !

Quand il étendra sa main sur divers pays et qu'aucun pays ne lui échappera, que ton peuple, le peuple Britanno-Colombien, lui échappe !

Prière pour gouverner en Colombie-Britannique - vol.1

Quand il se rendra maître des trésors d'or et d'argent de plusieurs nations, qu'il ne se rende pas maître des trésors de ton peuple, le peuple Britanno-Colombien !

Ô Seigneur, Éternel, ne fermes pas mon chemin avec des buissons, ne le barres pas avec une barrière et que je trouve mes sentiers !

C'est à toi que je retourne ! Car tu as déchiré mais tu guériras ; tu as frappé mais tu panseras mes plaies ; tu me rendras la vie, tu me relèveras et je vivrai devant toi !

Si j'élève mes fils, ne me les en prives pas avant qu'ils soient des hommes et ne t'éloignes pas de moi !

Que mes forteresses ne soient pas détruites !

Dans ma fertilité au milieu de mes frères et sœurs, que le vent d'orient ne vienne pas, ton souffle qui s'élève du désert !

Qu'il ne dessèche pas ma source et ne tarisse pas ma fontaine !

Que le trésor de tous les objets de valeur ne soit pas saccagé !

Éloignes de moi l'ennemi du nord, bannis-le vers une terre aride et désolée ; son avant-garde dans la mer orientale ; son arrière-garde dans la mer occidentale ; et que son infection et sa puanteur s'élève !

L'oiseau tombe-t-il dans le filet qui est à terre sans qu'il y ait un piège ?

Le filet s'élève t-il du sol sans qu'il y ait rien de pris ?

Sonne t-on du cor dans la ville sans que le peuple soit en émoi ?

Arrive t-il un malheur sur la terre sans que l'Éternel n'en soit l'auteur ?

Ainsi, Seigneur, Éternel, tu ne fais rien sans avoir révélé ton secret à tes serviteurs les prophètes.

Je suis tombé mais fasses que je me relève !

Je suis couché sur ma propre terre, relèves-moi !

Prière pour gouverner en Colombie-Britannique - vol.1

Que je ne m'évanouisse pas de soif ; que je ne tombe pas !

Je suis chancelant ; relèves-moi, répares mes brèches, relèves mes ruines et rebâtis-moi comme j'étais autrefois, afin que j'entre en possession du reste des montagnes de l'est et de toutes les nations sur lesquelles ton nom est invoqué !

Que ta maison s'élève par dessus les collines et que les peuples y affluent, Éternel !

Que mon ennemi ne se réjouisse pas à mon sujet ; et si je tombe, relèves-moi, Éternel !

Si je suis assis dans les ténèbres, Éternel, soit ma lumière !

Ne relèves pas les pans de ma robe sur mon visage, ne montres pas ma nudité aux nations et mon ignominie aux royaumes !

Ne jettes pas sur moi des ordures, ne me flétris pas, et ne me donnes pas en spectacle !

Ne me fais pas voir le mal et ne regardes pas l'oppression !

Éloignes de moi le profit malhonnête, ô Seigneur, Éternel, ma force ; rends mes pieds semblables à ceux des biches et fais moi marcher sur les hauteurs.

Prière pour gouverner en Colombie-Britannique - vol.1

VI

Ô Dieu très-Haut, toi qui domines sur toute royauté humaine, qui la donnes à qui il te plaît, et qui élèves le dernier des Hommes ;

Que le jour de la détresse et de l'angoisse, le jour de la dévastation et du ravage, le jour des ténèbres et de l'obscurité, le jour de nuées et de brouillards, le jour où retentiront le cor et la clameur contre les villes fortes et contre les tours élevées, ne m'atteigne pas !

Ne me mets pas dans la détresse, et que je ne marche pas comme un aveugle !

Sauves mes tentes afin que la splendeur de mes adversaires ne s'élève pas au-dessus de moi !

Que toute la Colombie-Britannique ne devienne pas désert, que je sois élevé, et que je demeure à ma place !

Relèves mes ruines détruites et lorsque je bâtis, ne renverses pas !

Fais-moi tomber dans la bonne terre ; et que je donne du fruit, un grain cent, un autre soixante, un autre trente !

Ô Seigneur, jettes les yeux sur la honte de ton serviteur et que toutes les générations me disent bienheureux !

Quand mon ennemi m'emmènera plus haut, pour me montrer en un seul instant tous les royaumes du monde et qu'il me dira : Si tu m'adores, je te donnerai tout ce pouvoir, et la gloire de ces royaumes ! Car cela m'a été donné et je le donne à qui je veux ;

Donnes-moi de t'adorer toi seul, Seigneur, mon Dieu et qu'à toi seul je rende un culte !

Seigneur, que ton esprit sois sur moi !

Prière pour gouverner en Colombie-Britannique - vol.1

Oint moi pour guérir ceux qui ont le cœur brisé, et pour annoncer la bonne nouvelle aux pauvres !

Envoies-moi pour proclamer aux captifs la délivrance, aux aveugles le recouvrement de la vue, pour renvoyer libre les opprimés et pour proclamer une année de grâce du Seigneur !

Ô Seigneur, Que je ne sois pas abaissé jusqu'au séjour des morts ! Car c'est toi qui abaisses et élèves.

Donnes-moi un cœur qui ne se fait pas passer pour juste devant les hommes ! Car quiconque s'élève sera abaissé.

Qu'une nation ne s'élève pas contre ton pays, la province de la Colombie-Britannique, et qu'un royaume ne s'élève pas contre elle !

Que je ne sois point troublé et que des raisonnements ne s'élèvent pas de mon cœur !

Que toi seul, fils de l'homme tu sois élevé, afin que j'ai la vie éternelle ! Car nous avons été tant aimé que tu as été donné afin que quiconque croit en toi ne périsse point mais ait la vie éternelle.

Toi qui ne condamne pas, fasses que personne ne me condamne !

Toi qui ne fait rien de toi-même, mais selon le père, attires-nous à toi, moi et ton pays, la province de la Colombie-Britannique, et fais de nous tes témoins dans les nations !

Répands ton esprit sur nous !

Que les fils et les filles de ton pays, la province de la Colombie-Britannique, annoncent la vérité !

Que les jeunes de ton pays, la province de la Colombie-Britannique, aient de la vision !

Prière pour gouverner en Colombie-Britannique - vol.1

Que les vieillards de ton pays, la province de la Colombie-Britannique, fassent des songes !

Ô toi qui a été élevé à la droite de Dieu, qui a reçu du père l'Esprit Saint qui avait été promis et qui l'a répandu ; répands sur nous ton Esprit !

Ô toi qui a été élevé comme prince et sauveur pour donner aux nations la repentance et le pardon de leurs péchés ; mets à part ton serviteur et de ton pays, la province de la Colombie-Britannique, pour l'œuvre à laquelle tu nous as appelé !

Reviens et relèves la tente de ton serviteur qui était tombée, relèves ses ruines et redresses-la, afin que le reste des hommes te cherchent Seigneur, ainsi que toutes les nations sur lesquelles ton nom est invoqué !

Voici, tous cris, à mort, un tel homme ne doit pas vivre ! Renverses, Seigneur Jésus-Christ, les raisonnements et toute hauteur qui s'élève contre ta connaissance, et amènes toute pensée captive à ton Obéissance !

Donnes-moi un cœur humble qui annoncera gratuitement la connaissance de Dieu aux nations !

Toi qui a été souverainement élevé par Dieu, et qui a reçu le nom qui est au-dessus de tout nom, qu'en ton nom tout genoux fléchisse dans les cieux et sur la terre, et que toutes langues confessent que tu es Seigneur, Jésus-Christ !

Ô toi qui a été souverainement élevé, sois élevé dans nos vies, moi et de ton pays, la province de la Colombie-Britannique, afin que personne ne nous séduise d'aucune manière ! Car l'impie est arrivé, le fils de la perdition, l'adversaire qui s'élève au-dessus de tout ce qu'on appelle Dieu et qu'on adore ; l'impie qui se fait passer pour toi.

Je ne fais pas seulement des requêtes, des prières, des intercessions et des actions de grâce pour moi et ton pays, la province de la Colombie-Britannique, mais

Prière pour gouverner en Colombie-Britannique - vol.1

pour tous les hommes, pour les rois, et pour ceux qui occupent une position supérieur, afin que nous menions une vie paisible et tranquille, en toute piété et dignité !

Et, cette piété c'est toi, celui qui a été manifesté en chair, justifié en esprit, est apparu aux anges, a été prêché parmi les nations, a été cru dans le monde et élevé dans la gloire.

Ô Seigneur, donnes-moi un cœur humble !

Que la rouille de mon or et de mon argent soit ôtée, qu'elle ne s'élève pas en témoignage contre moi et ne dévore pas ma chair comme un feu !

Relèves-moi et que la prière de la foi me sauve de ma maladie !

Ô mon Dieu ! je m'humilie sous ta puissante main, élèves-moi en temps voulu.

Prière pour gouverner en Colombie-Britannique - vol.1

VII

Ô Dieu très-Haut, toi qui domines sur toute royauté humaine, qui la donnes à qui il te plaît, et qui élèves le dernier des Hommes ;
Ô mon Dieu, toi qui es le Dieu des cieux et le Seigneur des Rois de la Terre ;
Tu as traité avec une grande bienveillance ton serviteur que tu as aimé, qui marchait dans ta présence avec fidélité, justice et droiture du cœur ;
et, tu lui as conservé une grande bienveillance.
Donnes-moi un cœur qui ne trompera ni les hommes, ni les femmes de ton pays, la province de la Colombie-Britannique ; un cœur qui ne trompera ni leurs enfants, ni leurs petits enfants, et qui aura pour les Britanno-Colombiens et Britanno-Colombiennes ainsi que pour la Colombie-Britannique, la même bienveillance et le même amour qu'ils ont manifesté envers moi !
Donnes-moi d'agir avec bonté envers la maison de tous les Britanno-Colombiens et Britanno-Colombiennes qui oui ou non auront agit avec bienveillance envers moi !
Qu'ils soient bénis, tous ceux qui auront usé de bienveillance envers moi et la Colombie-Britannique !
Donnes-moi d'avoir de la bonté envers ton pays, la province de la Colombie-Britannique, envers ses sœurs et ses frères !
Donnes-moi d'user aussi de bienveillance envers tous ceux et toutes celles dont les pères ont usé de bienveillance envers moi et ton pays, la province de la Colombie-Britannique !
Que tous ceux qui sont venus vers moi, lorsque je fuyais mon adversaire qui s'était levé contre moi, mangent à ma table tous les jours de leur vie !

Prière pour gouverner en Colombie-Britannique - vol.1

Ô Éternel, tu as usé de grande bienveillance à l'égard de tes serviteurs qui ont été avant moi, parce qu'ils marchaient en ta présence dans la vérité, dans la justice, et dans la droiture de cœur envers toi ;

Tu leurs as donné une descendance : ton serviteur que je suis, afin qu'ils aient toujours une personne pour les succéder sur le trône de la Colombie-Britannique ;

Maintenant, Éternel, uses aussi de bienveillance à l'égard de ton serviteur et fais de moi une âme qui console les âmes au sujet de tout ce qu'elles perdent ou perdraient !

Ô Éternel, uses de grande bienveillance envers tes serviteurs qui ont été avant moi, en me faisant régner à leur place sur ton peuple, le peuple Britanno-Colombien !

Donnes-moi d'avoir de la bonté envers ton peuple, le peuple Britanno-Colombien, de toujours le recevoir favorablement et de lui parler avec bonté !

Donnes-moi de garder le souvenir de la bienveillance que ce peuple Britanno-Colombien et que la province de la Colombie-Britannique a toujours eut envers moi !

Je bénis ton nom Éternel, Dieu de nos pères, qui a donné une splendeur à ton peuple, le peuple Britanno-Colombien, et qui étend sur moi sa bienveillance devant tous les rois, les dirigeants, les ministres puissants de la terre !

Malgré la servitude que nous subissons, tu ne nous as pas abandonné ;

Tu as étendu sur nous ta bienveillance devant les méchants rois des nations afin de nous conserver la vie, afin que nous relevions ta maison et que nous redressions ses ruines, et pour nous donner une retraite ici dans ce pays !

Éternel, souviens-toi de moi dans ta faveur pour ton peuple !

Interviens pour moi dans ton salut, afin que j'arrête ma vue sur le bonheur de tes élus, que je me réjouisse de la joie de la Colombie-Britannique, et que je m'en félicite avec ton héritage !

Prière pour gouverner en Colombie-Britannique - vol.1

Que parmi les hommes droits de ton peuple, le peuple Britanno-Colombien, il y ait de la faveur !

Ô Seigneur Éternel, saisis-moi par ta main droite, terrasses les nations devant moi, déboucles la ceinture des rois, ouvres devant moi les deux battants et que les portes ne soient plus fermées !

Marches devant moi, aplanis les pentes, brises les portes de bronze et mets en pièces les verrous de fer !

Donnes-moi des trésors enfouis, des richesses dissimulées, afin que je reconnaisse que tu es l'Éternel qui t'appelles par ton nom, le Dieu de celui qui a combattu avec Dieu et les hommes et a été vainqueur !

Tu m'as appelé par mon nom et paré, sans que je ne te connaisse !

Tu m'as pourvu d'une ceinture, sans que je te connaisse, afin qu'on reconnaisse du soleil levant au couchant, qu'en dehors de toi il n'y a que néant : Tu es l'Éternel et il n'y en a point d'autre !

Tu formes la lumière et crées les ténèbres, tu réalises la paix et crées le malheur,

Tu me suscites pour la Justice et tu aplanis toutes mes voies, afin que je rebâtisse ta ville et que je laisse tes déportés partir sans indemnités ni présents !

Que les gains du pays de la servitude, les profits de sa sœur et ceux de son puissant frère passent chez moi et me servent !

Donnes-moi de ne pas te chercher vainement et donnes-moi de prendre possession des choses que j'espère : celles que je ne voies pas.

VIII

Ô Dieu très-Haut, toi qui domines sur toute royauté humaine, qui la donnes à qui il te plaît, et qui élèves le dernier des Hommes ;

Ô mon Dieu, toi qui es le Dieu des cieux et le Seigneur des Rois de la Terre ;

Tu as traité avec une grande bienveillance ton serviteur que tu as aimé, qui marchait dans ta présence avec fidélité, justice et droiture du cœur ;

et, tu lui as conservé une grande bienveillance.

Quand à moi, je ne suis qu'un homme sans expérience ; oui, je suis un homme et je n'ai point d'expérience.

Fais de moi un homme qui aide et non un homme qui est aidé ; et qu'aucun animal impur ne me séduise !

Ô mon Dieu, chasses loin de moi tout animal impur qui me conduirait à pécher contre toi et à m'écarter de tes voies !

Ô mon Dieu, chasses loin de moi tout animal impur qui me conduirait à pécher contre toi et ainsi à rendre mes conceptions très pénibles et à devenir un être dominé !

Ô mon Dieu, fais de moi père d'êtres vivants !

Fais naître de moi un peuple nombreux ; et que ce peuple ait une descendance nombreuse !

Donnes-moi de concevoir un peuple avec ton aide et que ce peuple ait de la crainte pour toi !

Établis ton alliance avec moi, la Colombie-Britannique ainsi les fils et les filles de la Colombie-Britannique, afin que nous échappions à tout déluge !

Seigneur Dieu, prends-moi et allons nous en dans l'héritage que tu as promis !

Sur ce chemin qui mène à l'héritage, frappes de grandes plaies tout roi qui me

Prière pour gouverner en Colombie-Britannique - vol.1

prendrait de force pour que je lui sois soumis !

Seigneur Dieu, écartes de moi toute stérilité et fasses que je donne naissance à des peuples nombreux !

Fasses que je donne naissance à un peuple nombreux avec qui tu établiras ton alliance !

Que je sois un homme qui ne regarde jamais en arrière mais qui garde les yeux fixés sur l'héritage, ce lieu de repos !

Partout où nous irons toi et moi, Seigneur Dieu, présentes-moi toujours comme ton serviteur ; et frappes de stérilité la maison de tout roi qui m'enlèvera pour faire de moi son esclave !

Fais de moi un homme qui donne à boire à l'étranger et à l'étrangère !

Donnes-moi d'enfanter d'un peuple nombreux qui recevra tout de moi !

Ô Éternel, que je ne sois pas une occasion de chute pour mes proches !

Quand les temps seront accomplis pour être à ton œuvre et rendre gloire à ton nom ; fasses que je te revienne, ô Éternel !

Fais-moi monter sur des chameaux, mes fils et moi !

Que nous ne soyons pas dans le déshonneur, moi et ton pays, la province de la Colombie-Britannique !

Que nous ne représentions pas, moi et ton pays, la province de la Colombie-Britannique, un butin pour des rois, des nations et des peuples !

Ne laisses pas des peuples, des nations ou des tribus nous convoiter nous et tous ce qui est à nous, moi et ton pays, la province de la Colombie-Britannique !

Ne permets à personne de nous être infidèle, moi et ton pays, la province de la Colombie-Britannique !

Donnes-nous, à moi et ton pays, la province de la Colombie-Britannique, de ne

Prière pour gouverner en Colombie-Britannique - vol.1

jamais concevoir par accident !

Qu'on ne soit pas frappé à l'œil et qu'on ne perde pas l'œil !

Que personne ne fasse tomber notre dent !

Éloignes de nous toute plaie à la tête ou à la barbe !

Écartes de notre peau toutes taches !

Donnes-nous, à moi et ton pays, la province de la Colombie-Britannique, d'être pure et purifies-nous de toute impureté !

Empêches-nous, à moi et ton pays, la province de la Colombie-Britannique, de découvrir la nudité de notre père, la nudité de notre mère, la nudité de notre sœur, la nudité de notre frère, la nudité de notre tante, la nudité de notre oncle ou la nudité de nos proches parents !

Donnes-nous, à moi et ton pays, la province de la Colombie-Britannique, de ne point avoir de commerce avec le conjoint de notre prochain et nous souiller !

Donnes-nous, à moi et ton pays, la province de la Colombie-Britannique, de ne pas avoir des relations impures !

Donnes-nous, à moi et ton pays, la province de la Colombie-Britannique, de ne point coucher avec une bête, pour nous souiller avec elle !

Donnes-nous, à moi et ton pays, la province de la Colombie-Britannique, de ne point nous approcher d'une bête, pour nous prostituer à elle !

Éloignes de nous, à moi et ton pays, la province de la Colombie-Britannique, tout adultère !

Donnes-nous, à moi et ton pays, la province de la Colombie-Britannique, de ne pas coucher avec la femme de notre père et découvrir ainsi sa nudité !

Donnes-nous, à moi et ton pays, la province de la Colombie-Britannique, de ne pas prendre pour femme la fille de notre mère !

Prière pour gouverner en Colombie-Britannique - vol.1

Donnes-nous, à moi et ton pays, la province de la Colombie-Britannique, de ne pas prendre pour femme la femme de notre frère !

Qu'on ait pas en nous un esprit de mort ou un esprit de divination !

Donnes-nous, à moi et ton pays, la province de la Colombie-Britannique, de ne pas pécher contre notre prochain en commettant une infidélité à ton égard !

Donnes-nous, à moi et ton pays, la province de la Colombie-Britannique, de ne pas nous détourner de notre conjoint et lui devenir infidèle !

Que nos enfants et nous ne tombions pas par l'épée et ne devenions pas des proies !

Que la mort s'écarte de nous !

Que des rois étrangers ne nous prennent pas nous, nos enfants, notre bétail et toute notre richesse !

Ne nous livres pas entre les mains de nos ennemis, Éternel, mon Dieu !

Ne fais pas de nous des captifs entre les mains de nos adversaires et qu'on ne devienne pas la possession de méchants rois !

Éternel, mon Dieu, manifestes ton amour envers nous, moi et ton pays, la province de la Colombie-Britannique, et n'aie pas d'aversion pour notre personne !

Écartes-nous du chemin de la prostitution, de l'adultère et du déshonneur !

Donnes-nous de toujours t'appartenir et que nous trouvions grâce à tes yeux !

Donnes-nous, à moi et ton pays, la province de la Colombie-Britannique, un cœur qui ne se détourne pas de toi pour aller servir des dieux des nations et qu'il n'y ait point parmi nous de racine qui produise du poison de l'absinthe !

Rassembles-nous, moi et ton pays, la province de la Colombie-Britannique, afin qu'on apprenne à te craindre, Éternel, notre Dieu, à observer et à mettre en pratique toutes les paroles de ta loi !

Prière pour gouverner en Colombie-Britannique - vol.1

Lorsqu'un peuple, qui viendra de loin montera contre nous, moi et ton pays, la province de la Colombie-Britannique, qu'ils ne puisse pas s'emparer de nos villes !

Lorsqu'un peuple, venu de loin, nous attaquera et aura la victoire sur nous, moi et ton pays, la province de la Colombie-Britannique, fais-nous obtenir faveur à leur yeux !

Qu'aucune nation ne serve à nous mettre à l'épreuve, pour qu'on sache si nous obéirons à tes commandements que tu as prescrit à nos pères !

Fais de moi berger de ton peuple, le peuple Britanno-Colombien, pour délivrer ton peuple !

Que le roi qui opprime avec violence la province de la Colombie-Britannique, depuis des années, soit livré entre mes mains, lui et son armée !

Lorsqu'il s'enfuira dans l'une de nos villes, qu'il soit livré entre les mains des Britanno-Colombiens et des Britanno-Colombiennes !

Alors en ce jours je chanterai ce cantique :

Bénissez le Seigneur !

Rois, écoutez ; princes, prêtez l'oreille !

Je chanterai, oui, moi je chanterai à l'Éternel, je psalmodierai en l'honneur de l'Éternel, le Dieu de celui qui a combattu avec Dieu et les hommes et a été vainqueur !

Il sort de sa montagne sainte, il s'avance depuis la campagne des montagnes de l'est, la terre tremble, les cieux fondent, et les nuées se fondent en eaux ;

Les montagnes croulent devant l'Éternel, le Dieu de celui qui a combattu avec Dieu et les hommes et a été vainqueur !

Les routes étaient abandonnées, et ceux qui voyageaient prenaient des chemins détournés ;

Prière pour gouverner en Colombie-Britannique - vol.1

On avait abandonné les villes ouvertes de la province de la Colombie-Britannique, on les avait abandonné, jusqu'à ce que je me sois levé ; que je me sois levé comme un père en Colombie-Britannique !

Que tous célèbrent les bienfaits de l'Éternel ! Car il a mis la province de la Colombie-Britannique au large.

Réveilles-toi, réveilles-toi, chante un cantique !

L'Éternel, me donne la domination parmi les héros !

Des cieux on combattit, de leur orbite les étoiles combattirent contre ce roi qui opprimait avec violence le peuple Britanno-Colombien !

Le torrent les a balayé, le torrent des anciens temps, et mon âme a foulé au pieds leur vigueur.

Éternel, annonces-moi qu'un fils naîtra de moi !

Qu'il naisse de moi un fils sur la tête duquel le rasoir ne passera pas parce qu'il sera consacré à Dieu depuis le ventre de sa mère !

Qu'il naisse de moi un fils qui grandira et te sera consacré, un fils qui agira selon ta volonté et qui marchera dans ta présence !

Qu'il naisse de moi un fils qui n'entrera pas chez la prostituée !

Qu'il naisse de moi un fils qui n'aimera pas les filles des dieux étrangers !

Qu'il naisse de moi un fils que personne ne pourra séduire et lier !

Qu'il naisse de moi un fils que personne ne pourra enlever !

Que chacun sache sur la place publique que j'ai la crainte de ton nom, ô mon Dieu, Dieu des cieux !

Que je ne sois pas un homme à l'esprit affligé, qui boit du vin, de la liqueur forte ; mais que je sois un homme qui épanche son âme devant l'Éternel !

Éternel, mon Dieu, lorsque l'excès de ma douleur et de mon chagrin me fera

Prière pour gouverner en Colombie-Britannique - vol.1

parler, que je ne sois pas pris pour un homme de rien !

Que ton serviteur trouve grâce à tes yeux et que son visage ne soit plus le même !

Souviens-toi de moi afin que mon cœur exulte en toi, Éternel !

Souviens-toi de moi afin que ma force s'élève par toi et que ma bouche s'ouvre contre mes ennemis !

Souviens-toi de moi afin ma bouche s'ouvre contre mes ennemis et que je me réjouisse de ton salut !

Nul n'est saint comme toi ; il n'y a point d'autre que toi ; il n'y a point de rocher comme notre Dieu !

Tu connais tout et par toi sont pesés tous les agissements !

Par toi, l'arc des héros est brisé, et ceux qui trébuchaient ont la vaillance pour ceinture !

Donnes-moi un cœur qui agisse bien à l'égard de ton peuple, le peuple Britanno-Colombien !

Donnes-moi d'enfanter, ô mon Dieu !

Interviens contre mon ennemi à cause de ce qu'il m'a fait, lorsque tu me faisais sortir du pays de la servitude !

Partout où tu m'enverras, que j'ai du succès !

À chacun de mes retours, quand j'aurai fini de frapper les ennemis de ton peuple, le peuple Britanno-Colombien ; que les femmes sortent de toutes les villes de la province de la Colombie-Britannique en chantant et en dansant, au son des tambourins, des cris de joie et des triangles !

Lorsque des émissaires seront envoyés pour me faire mourir, rapportes-le moi et fasses que je puisse m'échapper et sauver ma vie !

Prière pour gouverner en Colombie-Britannique - vol.1

Lorsque des émissaires seront envoyés pour me faire mourir, qu'ils ne frappent pas les villes Britanno-Colombiennes ; et qu'ils ne fassent pas tomber, sous le tranchant de l'épée, hommes, femmes, enfants, nourrissons, bœufs, ânes et brebis !

Fasses que moi et les villes Britanno-Colombiennes nous puissions nous échapper et sauver nos vies !

Que je ne sois pas conduit à rechercher ceux qui évoquent les morts, mais que je te consulte, toi et toi seul, Éternel !

Écartes aussi de moi la méchanceté et que je ne refuse pas de partager avec ton peuple, le peuple Britanno-Colombien, toutes richesses que tu vas nous accorder !

C'est toi qui donnes l'onction comme chef sur la province de la Colombie-Britannique, et c'est toi qui délivres de la main de celui qui poursuit tes serviteurs ;

Donnes-moi l'onction comme chef sur toute la province de la Colombie-Britannique, et délivres-moi de la main de celui qui me poursuit !

C'est toi qui me donnes la maison de mon seigneur et la maison de celui qui a combattu avec Dieu et les hommes et a été vainqueur ;

Donnes-moi la maison de mon maître, la maison de la Colombie-Britannique et sa forteresse et ajoutes encore !

Que je ne méprise jamais ta parole en faisant ce qui est mal à tes yeux !

Que je ne prenne jamais la petite brebis de mon prochain et en faire la mienne !

Que je ne donne pas la mort à mon prochain pour prendre sa petite brebis qu'il nourrit, qui mange de son pain, qui boit dans sa coupe, qui dort sur son sein, pour en faire la mienne !

Consoles-moi et que je fasse naître un enfant qui sera aimé de toi !

Fais-moi siéger sur le trône de mes pères, et que mon règne soit affermi !

Que la royauté tourne et m'appartienne, qu'elle soit à moi par toi, Éternel !

Prière pour gouverner en Colombie-Britannique - vol.1

Que je ne livre pas cette royauté à qui que se soit !

Que je ne la donne à personne !

Que je ne m'allie pas avec les fils ou les filles du roi du pays de la servitude, et que je ne les amènent pas dans les cités Britanno-Colombiennes tandis que je serai en train de bâtir ta maison et ton œuvre !

Qu'il n'y ait aucune femme Britanno-Colombienne qui se prostitue et qu'aucun homme ne soit amené à se prostituer dans toute la province de la Colombie-Britannique !

Que chaque Britanno-Colombien et Britanno-Colombien soit à ton service et qu'ils aient de l'amour les uns envers les autres et envers toi qui les délivres !

Que je ne fasse pas de maison pour toute fille du roi du pays de la servitude !

Que mon cœur ne soit pas épris d'amour pour les filles du roi du pays de la servitude !

Qu'aucune fille du roi du pays de la servitude ne vienne à détourner mon cœur !

Qu'aucune fille du roi du pays de la servitude ne parvienne à incliner mon cœur vers d'autres dieux, mais que mon cœur reste entier à toi, Éternel, Dieu de nos pères !

Donnes-moi de ne pas offrir des parfums à ces dieux là !

Donnes-moi de ne pas me charger de fautes graves devant ta face en abandonnant tes voies !

Fais de moi un homme qui donne à mangé à l'indigent et au malheureux, et qui garde tes voix ;

Un homme qui donne à boire à celui qui est assoiffé !

Que je ne prenne jamais des biens qui ne sont pas à moi !

Que je ne m'attriste pas pour ce qui est à mon prochain !

Que mon cœur soit toujours en joie !

Prière pour gouverner en Colombie-Britannique - vol.1

Écartes de moi et de ton pays, la province de la Colombie-Britannique, toute dette !

Que personne, qu'aucun créancier ne vienne prendre les Britanno-Colombiens et les Britanno-Colombiennes pour en faire ses esclaves !

Que la famine ne vienne pas sur la province de la Colombie-Britannique, sur les Britanno-Colombiens et sur les Britanno-Colombiennes !

Qu'aucun Britanno-Colombien, qu'aucune Britanno-Colombienne, ne soit amener à s'en aller pour séjourner ailleurs et à perdre sa maison et son champ !

Qu'on ne perde pas tout ce qui nous appartient, ainsi que les revenus de nos champs !

Que nous ne soyons pas emmenés en captivité !

Que nos mères ne soient pas emmenées en captivité !

Que nous ne soyons pas conduits en captivité à cause de notre infidélité !

Donnes-nous une âme qui se confesse et abandonne le péché !

Délivres-nous de toute infidélité et de toute alliance avec les enfants des dieux étrangers !

Donnes-nous de faire ta volonté et de nous séparer des peuples des dieux étrangers !

Donnes-nous la force de les renvoyer loin de nous et de toute la province de la Colombie-Britannique, eux et leurs enfants !

Donnes-nous de combattre pour les Britanno-Colombiens, pour les Britanno-Colombiennes et les enfants de toute la province de la Colombie-Britannique !

Donnes-moi de lire le livre de ta loi aux portes du toute la province de la Colombie-Britannique et que tous ceux qui comprennent s'assemblent autour de moi !

Fais-moi lire ta loi depuis le matin jusqu'au milieu de la nuit aux portes de

Prière pour gouverner en Colombie-Britannique - vol.1

toute la province de la Colombie-Britannique !

Que de par cette lecture de ta loi, Britanno-Colombiens et Britanno-Colombiennes décident de se détacher de tout peuple de dieux étrangers pour s'allier à toi Éternel, Dieu de nos pères !

Donnes-nous, à moi et ton pays, la province de la Colombie-Britannique, d'être un grand sujet de joie !

Donnes-moi d'être un homme qui exécute ton ordre transmis par l'intermédiaire de tes envoyés !

Donnes-moi de toujours te plaire, ô Seigneur, mon roi, mon Dieu !

Appelles-moi toujours par mon nom afin que je revienne vers toi et que je sois considéré avec faveur par tout le monde !

Aimes-moi et que je gagne ta faveur et ta bienveillance !

Mets sur ma tête la couronne royale et fais-moi régner à la place de celui qui a refusé de suivre tes ordres donnés par l'intermédiaire de tes envoyés !

Qu'en tout temps je puisse entrer dans ta présence, ô Dieu des cieux !

Fais de moi un homme sur la bouche duquel l'on entendra des conseilles bienveillants !

Fais de moi un homme qui n'encourage personne à maudire Dieu, mais un homme qui incite plusieurs à demeurer intègres !

Fasses que je ne parle pas comme un homme insensé !

Que tout ce qui naîtra de moi n'ait pas une vie courte et ne soit pas agité !

Que l'haleine d'aucun de tes fils ne soit repoussante pour moi, et qu'aucun de tes fils ne devienne fétide pour les fils de ses entrailles !

Donnes-moi de ne pas dépouiller la femme stérile et sans enfant !

Donnes-moi de ne pas maltraiter la veuve !

Prière pour gouverner en Colombie-Britannique - vol.1

Qu'aucun cœur ne soit séduit à cause de moi et que personne ne fasse le guet à ma porte !

Délivres-moi de la courtisane, de l'étrangère aux paroles douceureuses, qui abandonne l'ami de sa jeunesse, et qui oublie l'alliance de son Dieu !

Que ma source soit bénie et que je sois en tout temps enivrée de ses charmes, et sans cesse épris de son amour !

Gardes-moi de la femme mauvaise, de la langue douceureuse de l'étrangère !

Que je ne sois pas réduit à un morceau de pain pour une prostituée et que ma vie soit précieuse à tes yeux, mon Dieu !

Que je n'aille pas vers la femme de mon prochain et que je ne la touche pas !

Que je ne me perde pas en commettant l'adultère avec la femme de mon prochain !

Gardes-moi de la courtisane, de l'étrangère aux paroles douceureuses !

Gardes-moi de celle qui a la mise d'une prostituée et qui a de la ruse dans le cœur !

Que mon cœur ne se détourne pas pour suivre une telle femme, et que je ne m'égare pas dans ses sentiers !

Que je ne sois pas un homme bruyant, stupide et ne connaissant rien !

Fais de moi un homme qui a de la grâce, et une personne combative!

Que je ne sois pas un homme privé de sens, mais que je sois un homme de valeur !

Donnes-moi la sagesse afin que je bâtisse ma maison et que je ne la renverse pas de mes propres mains !

Donnes-moi du discernement et que je ne partage pas ma demeure avec une personne querelleuse !

Prière pour gouverner en Colombie-Britannique - vol.1

Écartes de moi, la mort et la stérilité !

Que je ne sois pas un homme adultère, qui mange et s'essuie la bouche, puis dit : je n'ai pas fait le mal !

Que je ne livre pas ma vigueur à celles qui perdent les rois !

Fais de moi un homme de valeur !

Que mon prix dépasse beaucoup celui des perles !

Que le cœur de mon conjoint ait confiance en moi et que le bénéfice ne manque pas !

Que je lui fasse du bien, et non du mal, tous les jours de ma vie !

Que je me procure de la laine et du lin et que je travaille d'une main joyeuse !

Que je sois comme un navire marchand qui amène son pain de loin !

Que je me lève lorsqu'il est encore nuit, et que je donne de la nourriture à ma maison et des instructions à mes servantes !

Que je réfléchisse à un champ et que je l'acquiers ; et que du fruit de mon travail je plante une vigne !

Que je mette à mes reins la force comme ceinture et que j'affermisse mes bras !

Que je sente que ce que je gagne est bon ; et que ma lampe ne s'éteigne point la nuit !

Que je mette la main à la quenouille et que mes doigt tiennent le fuseau !

Que j'ouvre mes mains pour le malheureux, et que je tende la main au pauvre !

Que je ne craigne pas la neige pour ma maison ! Car toute ma maison est vêtu de cramoisi.

Que je me fasse des couvertures, et que je me fasse des vêtements de fin lin et de pourpre !

Que mon conjoint soit considéré aux portes, lorsqu'il siège avec les anciens de

Prière pour gouverner en Colombie-Britannique - vol.1

la Colombie-Britannique !

Que je me fasse des chemises et les vende, et que je livre des ceintures au marchand !

Que je sois revêtu de force et de dignité, et que je me ri de l'avenir !

Que j'ouvre la bouche avec sagesse, et qu'un enseignement bienveillant soit sur ma langue !

Que je surveille la marche de ma maison, et que je ne mange pas le pain de paresse !

Que mes fils se lèvent et me disent heureux ; que mon conjoint se lève et me donne des louanges : Beaucoup ont une conduite vertueuse, mais toi, tu les surpasses tous !

Que je te craigne Éternel, car la grâce est trompeuse et la beauté est vaine ; mais la personne qui te craint est celle qui sera louée !

Qu'on me donne du fruit de mon travail, et qu'aux portes mes œuvres me louent !

Que je ne sois pas un homme dont le cœur est une filet et dont les mains sont des liens, et que je ne devienne pas la capture d'un tel homme.

Prière pour gouverner en Colombie-Britannique - vol.1

IX

Ô Dieu très-Haut, toi qui domines sur toute royauté humaine, qui la donnes à qui il te plaît, et qui élèves le dernier des Hommes ;

Ô mon Dieu, toi qui es le Dieu des cieux et le Seigneur des Rois de la Terre ;

Tu as traité avec une grande bienveillance ton serviteur que tu as aimé, qui marchait dans ta présence avec fidélité, justice et droiture du cœur ;

et, tu lui as conservé une grande bienveillance.

Quand à moi, je ne suis qu'un homme sans expérience ;

oui, je suis un homme et je n'ai point d'expérience.

Que ton peuple, le peuple de la Colombie-Britannique, n'ait pas pour oppresseurs des gamins !

Que ses dirigeants ne l'égarent pas et que qu'ils n'effacent pas la voie dans laquelle ton peuple, le peuple Britanno-Colombien marche !

Qu'ils ne soient pas frappés d'épouvante, et que les spasmes et la douleurs ne les saisissent pas !

Qu'ils ne se tordent pas comme une femme qui accouche et que leurs visages ne soient pas enflammés !

Que leurs nourrissons ne soient pas jetés à terre sous leur yeux, que leurs maisons ne soient pas mis à sac et que leurs femmes ne soient pas violées !

Que ton peuple, le peuple Britanno-Colombien ne tremble pas et n'ait pas peur à la vue de ses ennemis ; mais qu'il tremble à ta seule parole !

Que les reins de ton peuple, le peuple Britanno-Colombien, ne soient pas remplis de souffrances ; que des douleurs ne le saisissent pas, comme les douleurs d'une femme qui accouche !

Prière pour gouverner en Colombie-Britannique - vol.1

Que le spasme ne l'empêche pas d'entendre et que le tremblement ne l'empêche pas de voir !

Qu'il ne soit pas loin de toi, mon Dieu !

Toi qui l'as conçu, fais lui grâce à ton peuple, le peuple Britanno-Colombien !

Que les femmes tranquilles se lèvent et écoutent ma voix ; et que les filles sûres d'elles, prêtent l'oreille à ma parole !

Une femme oublie-t-elle son nourrisson ? N'a t-elle pas compassion du fils de ces entrailles ?

Quand elle l'oublierait, toi l'Éternel, tu ne l'oublieras jamais.

Tu te nommes Dieu de toute la terre ;

Car tu me rappelles comme une femme abandonnée dont l'esprit est affligé.

La compagne de jeunesse peut-elle être répudiée ? Ainsi dit mon Dieu.

Entends mes cris d'angoisse, je soupire, j'étends les mains, malheureux que je suis !

Je succombe sous les coups des meurtriers !

Que je ne sois pas pris !

Quand tu étendras ta main sur le pays, sauves-moi !

Que les nouvelles que j'entendrai n'affaiblissent pas mes mains, et que l'angoisse, ne me saisisse pas !

Que la mort ne monte pas par nos fenêtres, qu'elle ne pénètre pas dans nos donjons, qu'elle ne retranche pas les jeunes gens dans les rues Britanno-Colombiennes, et les jeunes gens des places de la Colombie-Britannique !

Donnes-nous, à moi et à ton peuple, chaque Britanno-Colombien et Britanno-Colombienne, de bâtir des maisons et de les habiter !

Donnes-nous, à moi et à ton peuple, chaque Britanno-Colombien et Britanno-

Prière pour gouverner en Colombie-Britannique - vol.1

Colombienne, de planter des jardins et d'en manger les fruits !

Donnes-nous, à moi et à ton peuple, chaque Britanno-Colombien et Britanno-Colombienne, de se marier et d'engendrer des fils et des filles ; de marier nos fils et donner nos filles en mariage, afin qu'elles enfantent des fils et des filles ; et qu'on multiplie là où nous sommes et qu'on ne diminue pas !

Donnes-nous, à moi et à ton peuple, chaque Britanno-Colombien et Britanno-Colombienne, de rechercher le bien de la ville et d'intercéder auprès de toi en sa faveur !

Donnes-nous, à moi et ton peuple, le peuple Britanno-Colombien, de ne pas avoir les mains sur les reins comme une femme en travail, et que nos visages ne deviennent pas livides !

Rassembles-nous des extrémités de la terre, aveugles, boiteux, la femme enceinte et celle en travail, tous ensemble ; et que nous soyons une grande assemblée !

Seigneur Dieu, ne tues pas jusqu'à extermination vieillards, jeunes hommes, vierges, enfants et femmes ; mais souviens-toi de ton alliance et laisses hors d'atteinte ton peuple, le peuple Britanno-Colombien !

Fais de ton peuple, le peuple Britanno-Colombien, une femme fidèle qui reçoit son mari au lieu des étrangers !

Ne nous juges pas comme on juge les femmes adultères et celles qui répandent le sang, et ne fais pas de nous des victimes sanglantes de la fureur et la jalousie !

Qu'un rassemblement ne monte pas contre nous, qu'il ne nous lapide pas et ne nous perce pas à coups d'épée ;

Que nos maisons ne soient pas brûlées par le feu et que des jugements ne soient pas accomplis contre moi !

Prière pour gouverner en Colombie-Britannique - vol.1

Donnes-moi de faire naître une Colombie-Britannique qui verra tous les péchés que commettent ses pères ; qui les verra et n'agira pas de la même manière : Une nation qui ne mange pas sur les montagnes, et ne lève pas les yeux vers les idoles de la maison de celui qui a combattu avec Dieu et les hommes et été vainqueur ; qui ne séduit pas la femme de son prochain ; qui n'exploite personne ; qui ne prend pas de gage ; qui ne commet pas de vols ; qui donne son pain à celui qui a faim et couvre d'un vêtement celui qui est nu ; qui n'use pas de violence envers le malheureux ; qui ne tire ni intérêt ni usure ; qui observe les ordonnances et suit les prescriptions de Dieu !

Qu'en Colombie-Britannique, on ne découvre pas la nudité du père !

Qu'en Colombie-Britannique, personne ne fasse pas violence à la femme dans son indisposition !

Qu'en Colombie-Britannique, chacun ne se livre pas à des horreurs avec la femme de son prochain, que chacun ne se souille pas par l'inceste avec sa belle fille, que chacun ne fasse pas violence à sa sœur, fille de son père !

Qu'en Colombie-Britannique, l'on ne reçoive pas les présents pour répandre le sang innocent !

Qu'en Colombie-Britannique, l'on n'exige pas intérêt et usure ; que l'on ne spolie pas son prochain par l'oppression ; et que l'on n'oublie pas l'Éternel, le Seigneur !

Que moi et la province Colombie-Britannique nous ne nous prostituons pas dans le pays de la servitude, que nous ne nous prostituons pas dans notre jeunesse ; et que là dans le pays de la servitude, nos seins ne soient pas pressés ; et que là nos poitrines virginales ne soient pas touchées !

Qu'on ne découvre pas notre nudité et qu'on ne prenne pas nos fils et nos

Prière pour gouverner en Colombie-Britannique - vol.1

filles !

Qu'on ne me fasse pas périr moi-même par l'épée ; qu'on n'accomplisse pas des jugements sur moi !

Que l'on ne vienne pas vers moi et ton peuple, le peuple Britanno-Colombien, comme l'on va vers une prostituée ; que l'on n'aille pas ainsi vers nous et que nous ne soyons pas des dépravées !

Que nous ne soyons pas jugées comme on juge les femmes adultères, comme on juge celles qui répandent le sang ; que nous ne soyons pas adultères et qu'il n'y ait pas du sang à nos mains !

Fais cesser l'infamie en Colombie-Britannique et que toutes les femmes en reçoivent une leçon !

Que les Britanno-Colombien, quand ils habitent sur leur territoire, ne le souille pas par leur conduite et par leurs œuvres et que leur conduite ne soit pas devant toi comme la souillure de la femme indisposée !

Que je ne m'élèves pas contre toi, Seigneur des Cieux ; en apportant devant moi tes vases et y buvant du vin moi et les grands de la nation !

Que je ne loue pas les dieux d'argent, d'or, de bronze, de fer, de bois, et de pierre, qui ne voient pas, qui n'entendent pas et qui n'ont pas de connaissance ; mais, que je te glorifie, toi qui as dans ta main mon souffle et toutes mes voies !

Que je fasse retirer de la fosse tout serviteur qui a foi en toi !

Lorsque beaucoup se lèveront contre moi, et que des hommes violents parmi mon peuple se soulèveront pour accomplir cette vision, qu'ils trébuchent !

Lorsqu'un roi s'avancera, élèvera des terrasses et s'emparera d'une ville fortifiée de la Colombie-Britannique, fasses qu'on puisse lui résister !

Lorsque qu'on ne lui résistera pas et qu'il s'arrêtera dans le plus beau des pays,

Prière pour gouverner en Colombie-Britannique - vol.1

la province de la Colombie-Britannique, donnes-nous, à moi et à ton peuple, de ne pas lui donner nos filles pour femmes !

Ne lui donnes pas de se glorifier au dessus de tous ; et que je ne m'enfuie pas dans les campagnes Britanno-Colombiennes !

Que je ne sois pas traité en coupable et que nous ne tombions pas par l'épée !

Que mes petits enfants ne soient pas écrasés et que le ventre des Britanno-Colombiennes ne soient pas fendus !

Que personnes ne puisse éventrer les femmes enceintes de la Colombie-Britannique, afin d'agrandir son territoire !

Que personne ne chasse de leurs maisons chéries les femmes de ton peuple, le peuple Britanno-Colombien !

Que personne n'ôte pour toujours aux enfants de la Colombie-Britannique la Gloire d'être à toi !

Que je ne pousse pas des cris, que la douleur ne me saisisse pas comme une femme qui accouche !

Que je ne souffre pas et que je ne gémisse pas comme une femme qui accouche !

Que je ne fasse pas ma demeure dans les champs, et que je n'aille pas à Babylone !

Que ton peuple ne soit pas que des femmes ; que les portes de mon pays ne s'ouvrent pas toutes grandes à mes ennemis ; et que le feu ne consume pas mes verrous !

Que des vieillards, hommes et femmes âgés, s'assoient encore sur les places des villes de la Colombie-Britannique, chacun son bâton à la main, à cause du grand nombre de leurs jours !

Prière pour gouverner en Colombie-Britannique - vol.1

Que la Colombie-Britannique ne soit pas dans le deuil !

Ne regroupe pas toutes les nations en ce lieu pour le combat ; que la ville ne soit pas prise, que les maisons ne soient pas mises à sac ; que les femmes ne soient pas violées ; et que toute la ville ne parte pas en déportation !

Donnes-nous, à moi et à ton peuple, le peuple Britanno-Colombien, de ne pas trahir notre conjoint !Car il est le conjoint de notre alliance.

Donnes-nous de prendre garde en notre esprit et que personne ne trahisse le conjoint de sa jeunesse.

Prière pour gouverner en Colombie-Britannique - vol.1

X

Ô Dieu très-Haut, toi qui domines sur toute royauté humaine, qui la donnes à qui il te plaît, et qui élèves le dernier des Hommes ;

Ô mon Dieu, toi qui es le Dieu des cieux et le Seigneur des Rois de la Terre ;

Tu as traité avec une grande bienveillance ton serviteur que tu as aimé, qui marchait dans ta présence avec fidélité, justice et droiture du cœur ; et, tu lui as conservé une grande bienveillance.

Quand à moi, je ne suis qu'un homme sans expérience ;

oui, je suis un homme et je n'ai point d'expérience.

Fasses que ton peuple n'ait pas des regards adultères et qu'aucun membre de ton peuple ne répudie sa femme, l'exposant ainsi à l'adultère !

Lorsque je serai atteinte d'une perte de sang depuis de longues années et que je m'approcherai de toi, que je sois guéri !

Prends du levain et introduit le dans mon existence afin que mon existence soit changé !

Aie pitié de moi, Seigneur, fils de celui qui a été aimé !

Qu'il me soit fait comme je le veux et que je guérisse !

Que je ne sois pas vendu, moi, mes enfants, et tout ce que j'ai, pour payer ma dette !

Que je ne porte pas un enfant au jour du malheur et que je n'allaite pas, moi et le peuple Britanno-Colombien, au jour du malheur !

De deux femmes qui moudront à la meule, que la Britanno-Colombien soit sauvée et l'autre laissée, au jour du malheur !

Que les générations futures racontent tout ce que j'ai fait !

Prière pour gouverner en Colombie-Britannique - vol.1

Fais de moi ton serviteur et que je puisse m'attacher à toi, plus que tout !

Que mon conjoint soit vivant et reste en vie !

Que personne ne s'irrite contre moi à cause de mes activités pour toi !

Que les générations futures racontent tout ce que j'ai fait !

Lorsque le ciel sera fermé et qu'il y aura une grande famine sur la province de la Colombie-Britannique, que ton esprit soit envoyé sur toute la province de la Colombie-Britannique, vers les Britanno-Colombiens et les Britanno-Colombiennes !

Lorsque l'un de tes serviteurs ou l'une de tes servantes rentrera chez moi, fasses que je lave, que j'essuie, que baise ses pieds, et que je répande du parfum sur ses pieds !

Qu'ils soient heureux ceux qui écoutent ta parole et la gardent !

Donnes-moi de détacher des liens des Britanno-Colombiens et des Britanno-Colombiennes, captifs de l'adversaire depuis de nombreuses années !

Fasse que je revienne à toi et que je devienne ton disciple !

Donnes-moi de rechercher avec soin tout Britanno-Colombien et Britanno-Colombienne qui se perdra jusqu'à ce que je le retrouve !

De deux femmes qui moudront, que la Britanno-Colombienne soit sauvée et que l'autre soit laissée, au jour du malheur !

Donnes-moi de tout quitter pour toi !

Donnes-moi de ton eau, et que l'eau que tu me donneras devienne en moi une source d'eau qui jaillira pour toujours !

Donnes-moi de t'adorer en esprit et en vérité ! Car ce sont de tels adorateurs que te recherches.

Que tous les Britanno-Colombiens ainsi que plusieurs peuples croient en toi à cause de la parole de témoignage que je rendrai de toi !

Prière pour gouverner en Colombie-Britannique - vol.1

Que tous les Britanno-Colombiens ainsi que les peuples sachent que tu es le sauveur !

Quand tu ne condamneras pas une femme qui a péché contre toi et contre son époux, que je ne la condamne pas non plus !

Lorsque tu ne condamneras pas un homme qui a péché contre toi et contre son épouse, que je ne le condamne pas non plus !

Après que j'aurai éprouvé de la tristesse, parce que mon heure est arrivée pour concevoir, lorsque je donnerai le jour à l'enfant, que je ne me souvienne plus de ma douleur à cause de la joie de ce qu'une bénédiction soit venue au monde !

Que le nombre de ceux qui croient en toi s'augmente !

Arrêtes l'adversaire qui ravage l'église, qui pénètre dans les maisons, en arrache hommes et femmes et les fait jeter en prison !

Arrêtes l'ennemi qui respire encore la menace et le meurtre contre tes disciples !

Fais de moi un homme qui accomplit beaucoup de bonne œuvres et d'aumônes !

Que ta parole se répande dans toute la province de la Colombie-Britannique et au-delà !

Arrêtes ceux qui excitent les femmes distinguées contre tes serviteurs et tes servantes et ne permets pas, Seigneur mon Dieu, qu'une persécution se soulève contre tes serviteurs et tes servantes dans cette province afin qu'ils y soient chassés !

Donnes-moi ta crainte et ouvres mon cœur à ta parole !

Que beaucoup d'entre les Britanno-Colombiens croient en toi, ainsi que des femmes distinguées et des hommes en assez grand nombre !

Ne livres pas ce peuple à des passions déshonorantes !

Prière pour gouverner en Colombie-Britannique - vol.1

Que les Britanno-Colombiens et les Britanno-Colombiennes ne commettent pas d'infamie !

Qu'aucune Britanno-Colombienne de son vivant ne devienne la femme d'un autre homme, une femme adultère !

Que nous soyons riche de toi, en toute chose, en toute parole et en toute connaissance !

Que le mari Britanno-Colombien rende à sa femme ce qu'il lui doit et de même la femme Britanno-Colombienne à son mari !

Que la femme Britanno-Colombienne n'ait pas autorité sur son propre corps, mais que ce soit le mari qui ait cette autorité ; et que pareillement le mari Britanno-Colombien n'ait pas autorité sur son propre corps, mais que ce soit la femme qui ait cette autorité !

Qu'aucune femme Britanno-Colombienne ne se sépare de son mari et qu'aucun mari Britanno-Colombien ne répudie sa femme !

Que les Britanno-Colombiennes accordent du respect à leurs hommes et que les Britanno-Colombiens aiment leurs femmes !

Que chaque Britanno-Colombienne se pare de bonnes œuvres, soit honnête, sobre et fidèle en toutes choses et ne marche pas dans la médisance !

Que chaque Britanno-Colombien soit mari d'une seule femme, et qu'il dirige bien sa maison !

Donnes-moi de ne pas laisser la séductrice, enseigner et séduire tes serviteurs, pour qu'ils se livrent à l'inconduite et qu'ils mangent des viandes sacrifiées aux idoles !

Lorsque je voudrais concevoir, qu'aucun dragon ne se tienne debout devant moi afin de dévorer l'enfant ;

Prière pour gouverner en Colombie-Britannique - vol.1

et, donnes-moi de le vaincre par le sang de l'agneau et par le témoignage de ta parole.

Prière pour gouverner en Colombie-Britannique - vol.1

XI

Ô Dieu très-Haut, toi qui domines sur toute royauté humaine, qui la donnes à qui il te plaît, et qui élèves le dernier des Hommes ;

Ô mon Dieu, toi qui es le Dieu des cieux et le Seigneur des Rois de la Terre ;

Tu as traité avec une grande bienveillance ton serviteur que tu as aimé, qui marchait dans ta présence avec fidélité, justice et droiture du cœur ;

et, tu lui as conservé une grande bienveillance.

Quand à moi, je ne suis qu'un homme sans expérience ;

oui, je suis un homme et je n'ai point d'expérience.

Ton serviteur est au milieu du peuple que tu as choisi, un peuple immense et nombreux, le peuple Britanno-Colombien.

Fasses que je puisse donner naissance à des enfants et que je ne convoite point ce qui est à mon prochain !

Fasses que je me réjouisse devant toi Éternel, mon Dieu, dans le lieu que tu choisiras pour y faire résider ton nom, moi, mon fils et ma fille, mon serviteur et ma servante, ton serviteur qui résidera avec moi, ainsi que l'immigrant, l'orphelin et la veuve qui seront au milieu de moi !

Éternel, ne me ramène pas sur des navires dans la maison de la servitude, et que je ne fasse pas ce chemin dont tu as dit : tu ne le reverras plus.

Fasses que je ne m'offre pas en vente dans la maison de la servitude à mes ennemis, comme esclave et comme serviteur !

Que personne ne se lève contre ta maison, ô père !

Fasses que je ne m'éloigne pas de ton champ, de tes serviteurs et tes servantes !

Étends ton aile sur ton serviteur ! Car tu as le droit de rachat.

Prière pour gouverner en Colombie-Britannique - vol.1

Éternel des armées ! si ton regard s'arrête sur l'humiliation de ton serviteur, si tu te souviens de moi et n'oublies pas ton serviteur, et si tu donnes à ton serviteur de faire naître un enfant, je te le donnerai, Éternel, pour tous les jours de sa vie, et le rasoir ne passera pas sur sa terre.

Que ton serviteur obtienne ta faveur !

Oui, donnes-moi l'onction afin que je sois le conducteur de ton peuple, le peuple Britanno-Colombien !

Donnes-moi l'onction afin que je sauve ton peuple de ces ennemis !

Ô Seigneur, permets à ton serviteur de parler à tes oreilles et écoutes les paroles de ton serviteur !

Voici, ton serviteur sera un esclave pour laver les pieds de tes serviteurs, Seigneur mon Dieu !

Éternel, fasses que ce soit devant toi que je joue et ainsi que je paraisse méprisable et m'abaisse à mes propres yeux !

Ô roi des rois ! Écoutes l'humilité de ton serviteur et délivre le de la main de l'homme qui doit le faire disparaître, lui et ton héritage, le peuple de la Colombie-Britannique !

Que ta parole, ô mon Dieu, donne du repos à ton serviteur !

Donnes-moi de régner et de siéger sur le trône de la province de la Colombie-Britannique !

Que personne ne se lève au milieu de la nuit, ne prenne mon enfant à mes cotés tandis que je dormirai, ne le couche dans son sein ; et ne prenne son enfant qui est mort afin de le coucher dans mon sein !

Que les hôtes de ma maison et mes servantes ne me considèrent pas comme un étranger et que je ne sois pas à leur yeux comme un inconnu !

Prière pour gouverner en Colombie-Britannique - vol.1

Que je ne méprise pas le droit de mon serviteur ou de ma servante dans leur contestation avec moi !

Ô Seigneur, Dieu compatissant qui fait grâce, lent à la colère, riche en bienveillance et en fidélité ; tourne vers moi tes regards et fais-moi grâce ; donnes la force à ton serviteur et sauve le fils de ta servante !

Je t'en supplie, Éternel, car je suis ton serviteur, ton serviteur et le fils de ta servante !

Voici : comme les yeux des serviteurs se tournent vers la main de leurs seigneurs, et les yeux de la servante vers la main de sa maîtresse, ainsi mes yeux se tournent vers toi Éternel, mon Dieu, jusqu'à ce que tu me fasses grâce !

Les agneaux sont pour se vêtir et les boucs pour payer le champ ;
Que le lait des chèvres suffise pour nourriture, à la nourriture de ma maison et la subsistance de mes servantes !

Que la terre de la Colombie-Britannique ne tremble pas parce qu'un esclave viendrait à régner !

Que la terre de la Colombie-Britannique ne tremble pas parce qu'un fou serait rassasié de pain !

Que la terre de la Colombie-Britannique ne tremble pas parce qu'une femme dédaignée se marierait !

Que la terre de la Colombie-Britannique ne tremble pas parce et qu'une servante hériterait de sa maîtresse !

Fasse que je me lève lorsqu'il fait encore nuit, et que je donne de la nourriture à ma maison et des instructions à mes servantes !

Que des étranges se joignent à nous et s'unissent aux Britanno-Colombiens et aux Britanno-Colombiennes !

Prière pour gouverner en Colombie-Britannique - vol.1

Que les peuples les prennent et les conduisent dans leur province, et que ton peuple, le peuple Britanno-Colombien, les reçoivent en héritage sur ton sol, comme serviteurs et comme servantes !

Que les Britanno-Colombiens et les Britanno-Colombiennes retiennent captifs ceux qui les retiennent captifs et qu'ils subjuguent leurs oppresseurs !

Répands ton esprit sur la Colombie-Britannique et sur tout Britanno-Colombien et toute Britanno-Colombienne !

Que nos fils et nos filles prophétisent !

Que nos anciens aient des songes !

Que nos jeunes gens aient des visions !

Même sur tes serviteurs et tes servantes en Colombie-Britannique, répands de ton esprit !

Fais paraître des prodiges dans le ciel et sur la terre de la Colombie-Britannique, du sang, du feu et des colonnes de fumées !

Que le soleil soit changé en ténèbres et la lune en sang, avant l'arrivée de ton jour, de ce jour grand et redoutable !

Que les portes des fleuves s'ouvrent et que le palais s'écroule !

Qu'elle soit mise à nu, qu'elle soit emmenée, la grande ville des commerces !

Qu'il me soit fait selon ta parole, Seigneur !

Jette les yeux sur l'humiliation de ton serviteur ; et que désormais toutes les générations me disent bienheureux ! Car, Tout-Puissant, tu auras fait pour moi de grandes choses.

Oui, sur tes serviteurs et sur tes servantes en Colombie-Britannique, répands ton esprit et qu'ils prophétisent.

Oui, je veux morebooks!

I want morebooks!

Buy your books fast and straightforward online - at one of the world's fastest growing online book stores! Environmentally sound due to Print-on-Demand technologies.

Buy your books online at

www.get-morebooks.com

Achetez vos livres en ligne, vite et bien, sur l'une des librairies en ligne les plus performantes au monde!
En protégeant nos ressources et notre environnement grâce à l'impression à la demande.

La librairie en ligne pour acheter plus vite
www.morebooks.fr

OmniScriptum Marketing DEU GmbH
Heinrich-Böcking-Str. 6-8
D - 66121 Saarbrücken
Telefax: +49 681 93 81 567-9

info@omniscriptum.com
www.omniscriptum.com

www.ingramcontent.com/pod-product-compliance
Lightning Source LLC
Chambersburg PA
CBHW031226170426
43191CB00030B/285